介護保険における福祉
NPOのマネジメントに関する考察

陳玉蒼　著

封面設計：實踐大學教務處出版組

出 版 心 語

　　近年來，全球數位出版蓄勢待發，美國從事數位出版的業者超過百家，亞洲數位出版的新勢力也正在起飛，諸如日本、中國大陸都方興未艾，而台灣卻被視為數位出版的處女地，有極大的開發拓展空間。植基於此，本組自民國 93 年 9 月起，即醞釀規劃以數位出版模式，協助本校專任教師致力於學術出版，以激勵本校研究風氣，提昇教學品質及學術水準。

　　在規劃初期，調查得知秀威資訊科技股份有限公司是採行數位印刷模式並做數位少量隨需出版〔POD＝Print on Demand〕（含編印銷售發行）的科技公司，亦為中華民國政府出版品正式授權的 POD 數位處理中心，尤其該公司可提供「免費學術出版」形式，相當符合本組推展數位出版的立意。隨即與秀威公司密集接洽，出版部李協理坤城數度親至本組開會討論，雙方就數位出版服務要點、數位出版申請作業流程、出版發行合約書以及出版合作備忘錄等相關事宜逐一審慎研擬，歷時 9 個月，至民國 94 年 6 月始告順利簽核公布。

這段期間，承蒙本校謝前校長孟雄、謝副校長宗興、王教務長又鵬、藍教授秀璋以及秀威公司宋總經理政坤等多位長官給予本組全力的支持與指導，本校多位教師亦不時從旁鼓勵與祝福，在此一併致上最誠摯的謝意。本校新任校長張博士光正甫上任（民國 94 年 8 月），獲知本組推出全國大專院校首創的數位出版服務，深表肯定與期許。諸般溫馨滿溢，將是挹注本組持續推展數位出版的最大動力。

　　本出版團隊由葉立誠組長、王雯珊老師、賴怡勳老師三人為組合，以極其有限的人力，充分發揮高效能的團隊精神，合作無間，各司統籌策劃、協商研擬、視覺設計等職掌，在精益求精的前提下，至望弘揚本校實踐大學的校譽，具體落實出版機能。

實踐大學教務處出版組　謹識

2007 年 7 月

目　次

介護保険における福祉 NPO のマネジメントに関する考察

序　章

第 1 節　研究の背景

　高齢社会の到来に伴う老後の不安や社会変化による高齢者介護の問題を解消するために、「利用者本位・自立支援」、「普遍主義」、「地域主義」などの理念に基づいて介護保険制度が 2000 年4 月から施行された。言い換えると、介護保険制度は、国民の共同連帯の観念や社会保険の仕組によって、介護を社会全体で支え、利用者の意思や希望を尊重しながらサービスを提供する制度である。介護を社会全体で支え、民間の活力を活かすための規制緩和によって、介護市場にも、企業や NPO（特定非営利活動法人）などのさまざまの提供主体が参入し、利用者や家族が自らサービスを選択する事が可能となった。その中で、「社会的使命」を持ってサービスを提供する NPO は介護保険事業の担い手としての役割だけではなく、地域福祉を実現するための世話役としての役割も次第に高まっているが、その根拠として、以下の二点が挙げられる。まず第一に、事業者数の増加に関してである。NPO は介護保険の事業主体として、主に訪問介護サービス（ホームヘルプサービス）と通所介護サービス（デイサービス）を供給している。2000 年 10 月の時点で NPO が保険介護サービス全体に占める割合

は 2.1％、通所介護サービスでは 1.3％であったが、2002 年 10 月には保険介護サービスで 3.9％、通所介護サービスで 3％に増加した。NPO における訪問介護事業者の増加率は 2 倍近く、通所介護事業者の増加率は 2 倍以上になる。また第二に、多くの NPO は介護保険サービスの身体介護、生活援助はもちろんのこと、介護保険で扱われない配食、移送、お墓参り、及び話し相手などの精神的ケアといった分野でも、「ささえあい」、「助けあい」の理念に基づく地域に密着した住民参加型のサービスを提供している。

多様なサービス提供主体は、契約に基づいて利用者にサービスを提供する。介護市場においては、利用者は自ら好ましい、よりよいサービスを選択することができる。それによって、サービス提供主体の間の競争が生まれ、提供されるサービスの質の向上や事業の効率化が期待されている。

第 2 節　問題の提起

「利益優先、効率第一」を度外視する福祉 NPO は、企業の補完として、安定的・継続的なサービスの提供ができると思われる。しかし、福祉 NPO 側でもさまざまな課題が浮き彫りになり、サービスの提供に困難が生じてきた。それらの課題は、介護保険事業の移行による福祉事業の空洞化、介護保険の見直しによる経営の困難性、財源に乏しい福祉 NPO における活動継続の困難性などである。また、介護保険事業の参入によって、(1)収入の増大、(2)雇用関係の発生、(3)収益事業の重視などという変化が出てきた。

その変化に伴う組織の拡大、新規事業への進出、人的資源のマネ
ジメント、収益事業と本来事業のバランスをとることなどの課題
に直面して、それを解決できない NPO がないとはいえないだろう。
　また、民間事業者の参入によりサービスの量は確保された反面、
基準違反、指定取消の件数は増加している。主体別にみると営利
法人と NPO において、サービス別にみると訪問介護、居宅介護支
援及び介護療養型医療施設において、指定取消の出現率が高い。
NPO における主な取消事由をみると、不正請求や無資格者による
サービス提供の事例が最も多い[1]。福祉 NPO にとって人的資源の
獲得がとりわけ重要であることはこの事例に反映されている。
　社会的使命の達成や活動の継続のために、福祉 NPO はマネジメ
ントの手法を用いて上記に示された様々な課題をクリアするはず
であるが、「マネジメントの不在」と批判されている福祉 NPO は、
苦戦苦闘を強いられている。

第 3 節　研究目的

　企業経営と比較して、NPO の経営はより難しいといわれている。
それは、企業においては利益追求という物差しがあるが、NPO に
おいてはミッションが評価基準となっているため、その達成度合
いを評価するのが困難だからである。だが、NPO が社会的使命を

---

[1] 厚生労働省により、2000 年 4 月から 2003 年 12 月末まで営利法人における
　取消等事業所出現率は 0.45%であるが、福祉 NPO における出現率は 1.00%
　である。
　http://www.mhlw.go.jp/shingi/2004/02/s0223-8d21.html,を参照、2004 年 5 月 20 日。

軸にして活動を継続していくためには、人材雇用、事務運営など
のための資金が必要になる。そして、ヒト、モノ、カネ、情報な
どの資源を獲得するためには、経営や経済の概念を持つことが重
要になる。特に、一般の民間企業が介護事業に参入する機会が増
えると、福祉 NPO も競争的な環境の中でその存続の発展のために
は友好なマネジメントを行わなければならない。

　2004 年 9 月末時点の内閣府調査によると、NPO が活動する 17
分野の中でも保健・医療・福祉関係は全体の 6 割弱を占め、1 位
となっている。この点から、NPO は福祉サービス分野で重要な役
割を果たしているといえるだろう。本研究で取上げた福祉 NPO に
関する実態調査や、2002 年から 2004 年までの期間に行った福祉
NPO の現場の代表者との 3 回のヒアリング調査の結果を通じて、
介護保険枠外サービス[2]である独自サービスを提供する福祉 NPO
が、助け合い活動のオープンネスな性質に惹かれて参加する有償
ボランティアや介護保険事業における専門性を要するヘルパーな
どの人的資源の管理、本来事業と介護保険事業のバランサイジン
グ、収入拡大による事業多角化などの課題に直面していることが
明らかにされた。

　従来の NPO マネジメント論は、欧米、とりわけアメリカの理論
的枠組に沿って論じられ、日本における福祉 NPO の直面する全て
の課題を解決するのは困難なのではないかと思われる。また、そ

---

[2] 介護保険枠外サービスは、介護保険制度に除外されるサービスである。具
体的なサービス内容は、掃除、通院介助、話し相手、庭の手入れ（除草）、
墓参りなどである。それらの枠外サービスは、福祉 NPO の本来事業であ
り、通称「助け合いサービス」である。

4

れらNPOマネジメントの一般論は、断片的な取り組みにとどまっているので、それ以上に体系的なマネジメント論、しかも福祉NPOに適用できる福祉 NPO マネジメントの分析枠組を開発する必要があると思われる。

　福祉NPOにおける社会的使命や理念の達成、そして活動の継続のためには、どのようなマネジメント・コンセプトやマネジメントテクニックを用いればよいのかを、マネジメントの分析枠組を通して明らかにすることが本研究の目的である。

　福祉サービスは特に対人関係のプロセスであり、サービスの質に対する定義は定まっておらず、人間の相互作用に大きく影響されると考えられる。また、多くの福祉NPOは従来の住民団体から発足して介護保険事業に参入しているため、有償ボランティア、ヘルパー、スタッフが混在している。質の良いサービス提供のための人材育成、本来事業や介護保険事業における担い手の獲得・維持・対応に関する人的資源マネジメントは重要な課題である。しかし、このマネジメントの課題以上に対人サービスを提供している福祉NPOではさらに重要な課題がある。信頼の課題がそれである。福祉NPOはサービス提供者や利用者から信頼を得ることが最も必要なのである。本研究では特に福祉NPO自身、サービス提供者と利用者三者間の信頼関係を含めて、信頼をどのように構築かということを明らかにしたい。

　ところで、介護保険事業の参入を通じて収入が増加したNPOは、その余剰金を新規事業の展開へと投入している。これら事業を多角化するNPOが、いかにして社会的ニーズを発見してそれに応えるのか、そして、いかにして団体の使命や理念を新規事業へと繋

げるのかについて、そのマネジメント・コンセプトや特徴についても論及していきたい。

第4節　研究方法

　社会研究について、川喜多（1967）は文献と推論を重要視する「書斎科学」や観察と仮説検証を重要視する「実験科学」に対して、「野外科学」（field science）を提唱している[3]。Easthope（1974）による社会調査方法として、実験的方法（因果関係の検証）、踏査法、参与観察、比較研究法、測定と分析などを取上げた[4]。

　本研究の研究方法について：

　1.アンケート調査：福祉 NPO の実態や介護保険における福祉 NPO の特徴、課題などを理解するために、2002 年に我々東北大学藤井研究室非営利組織演習のゼミ生によって行われた福祉 NPO アンケート調査を中心として、福祉 NPO の実態を考察していきたい。また、調査対象者数が宮城県における福祉 NPO の一部だけなので、補足として、九州大学安立研究室による「介護系 NPO の全国実態調査」やさわやか福祉財団による「2001 年度非営利活動バロメーター計画－NPO・住民互助型組織の定点調査報告書－」の調査結果を参考しながら、福祉 NPO の実態、固有の特徴や課題などを明らかにしたい。

　2.公表されたデータの収集、文献研究と論理検討：介護保険制度の経緯と少子・高齢社会による福祉政策の変化の間の関係が深

---

[3]　川喜多（1967）、pp.4-24
[4]　Easthope（1974）（邦訳、p.13）

いため、データ収集や多くの文献を参考にする必要がある。福祉
NPO の形成や NPO または福祉 NPO のマネジメントに関する深い
背景と理論を理解する事も必要となる。文献研究をとおして、介
護保険制度や福祉 NPO に対する深い考察を行うことができる。論
理検討の目的は、研究の枠組みを構築することにある。

　　3.NPO へのインタビューや NPO での参与観察による事例研究
（NPO 法人「ゆうあんどあい」）：「ゆうあんどあい」を事例と
した理由は次の通りある。第一に、「ゆうあんどあい」では、団
体の使命や理念を達成するために、介護保険事業の参入に基づく
利益によって、赤字である助けあい活動を継続しており、その使
命と事業化の間のバランスをうまく取っているからである。第二
に、それぞれの事業の運営を独立することやサービス提供者をき
ちんと分けることにより運営を効率化させているからである。第
三に、経済基盤の脆弱による低賃金、また、介護報酬の見直しに
対する誤った見込みによる減給があったけれど、サービス提供者
の定着性がよいからである。これは、同じ使命や理念を持ってい
る NPO 団体の参考になりうる。

　　インタビューの主眼は、団体の設立経緯、主旨、業務体制のあ
り方、事業管理、サービスの質の向上の工夫、苦情処理、危機管
理システムの確立目標、事業の展開などである。これによって、
事業のマネジメントに関する本団体の手法を分析し、理論化する
ことができる。参与観察によって、サービス提供者がどのように
利用者のニーズを引き出し、利用者ニーズに応じることができる
か、利用者とサービス提供者との相互作用を深く観察できる。

第5節　用語定義と内容構成

　まず、用語定義について、本研究に携わる福祉 NPO は広義の NPO ではなく、「非営利」である組織のなかで市民による自発的な市民活動団体と法人格となった NPO 団体とである。

　本研究は、次のような内容で構成されている。

　序章では、上述した介護保険における NPO の福祉サービスに関する研究の背景、問題提起、研究目的、研究方法などについて取上げる。

　次の第1章では、介護市場における擬似市場[5]の概念を提起して、擬似市場と一般市場の相違を示す。そして、擬似市場の評価基準である効率性、応答性、選択、公平性とその基準を満たす5つの条件（市場構造、情報、取引費用と不確実性、動機づけ、クリームスキミングの防止）で介護市場の擬似市場原理の検証を試みる。さらに、介護市場の特徴、介護市場の規模、介護保険制度の実施状況を説明しながら、データにより、介護保険における福祉 NPO の参入や拡大を理解する。

　第2章では、日本において福祉 NPO が重視されるかどうかは、福祉サービス社会保障政策のパラダイムや住民参加型在宅サービス事業への変化によって変わってくる。そこで、NPO 法施行以来、認証された NPO の数や活動している分野を確認すると同時に、福祉分野で活躍することを表明している NPO の現状を考察する。また介護保険における福祉 NPO の実態については、3つのアンケ

---

[5] 擬似市場に関する詳細は第1章を参照。

ート調査の結果を用いて、その実態、特徴、課題などを明らかに
する。

　第3章では、文献レビューとして、NPO マネジメント論、また
は福祉 NPO におけるマネジメントに関する既存研究および考え
方を用いて、介護保険における福祉 NPO マネジメントの分析枠組
を確立する。

　第4章では、資源に乏しい福祉 NPO が介護市場での競争によっ
て規模縮小や駆逐されてしまう危険性や介護保険事業者になるた
め、NPO における社会的使命や理念から乖離する可能性があるこ
とを分析する。それらの状況をふまえ、NPO 法人「ゆうあんどあ
い」の事例を通して、介護保険における NPO の役割や活動を継続
するため、その団体の歴史と現状を紹介しながら、団体における
それぞれの事業の位置づけ、役割などを提示する。

　対人サービスにとって、最も重要な課題である信頼のマネジメ
ントは、これまでの研究で強調されていないので、第 5 章では、
信頼の概念を踏まえながら福祉サービスにおける信頼の意義や信
頼の分類、福祉サービスにけるケアとささえの意味を踏まえて福
祉サービスに求められるケアの本質や福祉サービスの現場におい
て関係者（福祉 NPO 団体、サービス提供者、サービス利用者）の
信頼構築のプロセスを明らかにする。

　第6章では、分析枠組を踏まえて、福祉 NPO におけるマネジメ
ント・コンセプトやテクニックの運用を考察していく[6]。それによ
って、福祉 NPO におけるマネジメントの特徴を明らかにする。

---

[6] 第 6 章は Chen（2004）の論文を元に大幅に加筆訂正したものである。

　最後の終章において、本研究で得られた福祉 NPO のマネジメントに関する特徴を整理する。そして本研究の意義に言及し、本研究の限界と今後の研究方向を提起していく。

第 1 章　介護保険における介護市場の現状

　介護保険における介護市場は、行政の関与があるので、従来の市場メカニズムが機能していない。本章は、介護市場における擬似市場の原理を検証しながら、介護市場の規模、介護保険制度の実施状況を説明する。それを通じて、介護保険における福祉 NPO の参入や拡大を考察し、介護市場の特徴を明らかにしていきたい。

第 1 節　介護サービスにおける介護市場

1.擬似市場メカニズム

　従来の市場メカニズムが機能するためには、(1)完全競争、(2)同質的な財、(3)情報が無料で利用可能、(4)すべての財と生産要素が無制限な分割可能性、(5)外部効果による非自発的な交換関係が存在しないこと、(6)すべての生産要素と財の完全な可動性、(7)時間を超えた適応プロセスが条件となる。しかし、前述したように、介護サービスは、情報の非対称性が強く、生産要素の分割が不可能などの理由から市場メカニズムが機能しない可能性がある。

　また、介護サービスは、約半分を公費に依存することがあるという点で、一般のサービスと全く同様に市場主義化したわけではなく、公共的サービスの性格を維持しながら、サービス提供方法において、利用者の選択と事業者間の競争という市場メカニズムを導入したものである。これは、擬似市場（quasi-market）と呼ばれている[1]。擬似市場の概念を導入したのはイギリスで、租税財源で医療を供給している国民保険サービス（National Health Service, NHS）の中で、家庭医に医療予算を使う権限を与え、病院と契約を結んで患者を送り込む制度を取り入れたことに由来している。これによって病院に患者獲得の競争が生まれ、患者は質が良く、早く診てくれる病院を選ぶことができるようになった。

　擬似市場メカニズムは、公的部門に競争原理で働く市場メカニズムを導入する事を意味する。このような考え方は、アメリカ、イギリス、オーストラリア、ニュージーランドなどの国において、新公共経営管理（New Public Management, NPM）として体系化されている。新公共経営管理は、(1)市場機能活用、(2)成果に対する説明責任、(3)権限委譲、(4)行政の分権化・分散化・企画と執行の分離という点から導入する。具体的には、何らかの規制が行われている医療や福祉分野において規制緩和（deregulation）や民営化（privatization）を進めることである。

　擬似市場メカニズムのポイントを、駒村（1999）は以下の二点から指摘している。一つは、供給者と購入者の分離である。今ま

---

[1] 「quasi-market」は、「準市場」（増田（2001））、「擬制市場」という和訳もあるが、本研究は、統一して「擬似市場」（小山（1991）、p.191）と呼ぶ。

での公的サービスは、政府自ら生産し、自ら購入してきたが、擬
似市場では、サービスの生産は政府ではなく多様な提供主体が行
う。もう一つは、購入者と支出者の分離である。これまでの公的
サービスは、政府が購入者であり、かつ支出者であった。擬似市
場に準じる介護市場で、利用者が購入者として自ら選択権を行使
し、多様な提供事業者からサービスを選ぶ。サービス提供側では、
顧客を巡って独立した供給主体間での競争が発生するのは、従来
の市場と同様であるが、擬似市場の場合は、利益を最大化するこ
とも、経営組織が私有である必要もない。例えば、NPO も、公的
契約を巡って、時には営利企業と競争する場合がある。サービス
利用側では、消費者（介護保険では、原則として要支援・要介護
認定を受けた非保険者）の購買力は金銭で示されず、「特定の目
的と目的に対して割り当てられた公的資金（an earmarked budget）」
や「バウチャ（利用券）」などの形式をとって利用者に配分され
る。ここで、重要なことは、多くの場合、購入にあたって選択を
行うのは、直接の利用者でなく、通常、第三者（エージェント）
に委託されることである。第三者というのは、行政機関であり、
介護保険では、ケアマネージャー、医療分野では医師であったり
する。

　擬似市場と一般市場の相違は、監督官庁の規制の方にも存在す
る。一般市場に対する監督官庁の規制は比較的に緩やかになるが、
擬似市場は一般市場を比較すると多く規制が行われる。監督官庁
の規制が比較的に強い理由は、サービスを受ける利用者達に、適
正にサービスが提供されるようにする事を目的としているからで
ある（営利性や規制の強弱の比較について、図表 1-1 を参照）。

図表 1-1　営利性や規制の比較

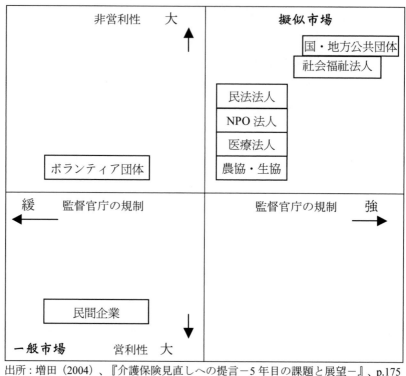

出所：増田（2004）、『介護保険見直しへの提言－5 年目の課題と展望－』、p.175

　医療や福祉サービスにおける擬似市場は、サービスの提供が多様な提供主体に移転されることによって、効率性、顧客ニーズへの対応能力、選択の幅の拡大と公平性をよりよく改善することを目指している。しかし、実際、イギリスにおける介護サービスの擬似市場の研究によって、利用者が提供者を選別する事ができなかったことが示されている。日本における介護保険制度にもさまざまな問題点があり、利用者が選択する制度とはいいにくい。ま

た、保険者の機能、現物給付、保険財政難や介護認定制度の不備、介護施設の入所待ちで利用できない、などの問題も多く、市場原理が機能しているとはいえない。

2.擬似市場原理の評価基準とその基準に満たす条件

　佐橋（2002）は、Le Grand, J. ＆ Bartlett の著書『擬似市場と社会政策』から、擬似市場原理の評価基準が(1)効率性（efficiency）、(2)応答性（esponsiveness）、(3)選択（choice）、(4)公平性（equity）を引用した[2]。

　簡単に説明すると、(1)は費用対効果という観点で効率性を測る。(2)は利用者のニーズに対する適切なサービスを供給することで応答性を評価する。(3)の選択は、個人の権利として、効率性や応答性を向上させる機能を持ちながら、Hirschman（1970）が提出した「退出」（exit）や「声」（voice）によって選択の有効性が確保できる。(4)の公平性は、収入や社会経済的地位に関係なく、利用者のニーズに対するサービス提供の有無、或いは程度が判断される。

　また、以上の基準を満たすための条件を 5 つ示した。すなわち、(1)市場構造（market structure）の転換、(2)情報（information）、(3)取引費用と不確実性（transaction costs and uncertainty）、(4)動機づけ（motivation）、(5)クリームスキミング（cream-skimming）の防止である。

---

[2]　佐橋（2002）、pp.139-149

(1)については、擬似市場である介護市場は、利用者を獲得するために、サービス提供者間の競争を必要とする。また、質や供給量を確保するため、多様な提供主体の参入や撤退防止についての対策が必要となる。例えば、介護保険の指定事業者になるため、行政による設定された要件を満たさなければならない。退出防止対策については、まだ明文化されていないようである。

(2)の「情報」については、情報開示の不徹底によって、サービス提供者の機会主義的行動におけるモラルハザードとサービス提供者による利用者の選別という逆選択が起こる可能性がある。それを防ぐための対策が必要とされる。

(3)の「取引費用と不確実性」は、擬似市場の構造は一般市場より複雑なため、サービス利用の申し込みから実際に利用までの取引過程におけるコストを考慮に入れる必要があることを意味している。その上、措置制度と異なる契約制度によるサービス提供上の社会的不確実性（不都合や不測の事態）も増えている。

(4)の「動機づけ」は、サービス提供者に対する利潤追求ではなく、利用者の福祉追求である。

(5)の「クリームスキミングの防止」とは、介護市場によるさまざまなサービス提供者があることから、それらの提供者がある分野のうち利潤の多い部分のみに参入する事の防止である。また、サービス受給の公平性の観点から、低所得層の利用者は、無料でサービスを利用する事が可能である。

3.介護保険制度における擬似市場の現状

　まず、前節に取上げられた擬似市場における条件から日本の介
護保険制度における擬似市場の現状を考察していきたい。
　(1)の市場構造の転換からみると、介護保険の指定事業者になる
ため、行政による設定された要件を満たさなければならない。し
かし、退出防止対策については、まだ明文化されていない。従っ
て、民間の営利企業は、利用者の権利を無視して容易に赤字であ
る訪問介護事業から退出してしまう。
　(2)の情報に関しては、質の面での情報開示が必要とされている。
現在、社会福祉・医療事業団の情報ネットワークシステム「WAM
NET」上で提供されているが、コンピューターの操作に苦手な高
齢者にとっては利用しにくいところもあり、提供された情報は単
に団体の基本情報に過ぎないので、サービスの質の判断には適用
できない。また、介護保険制度の実施により財源確保に苦しい自
治体は、介護サービスの質を向上させるための第三者評価の取組、
サービス事業者向け研修・指導などをあまり実施していないこと
が窺える[3]。
　(3)の「取引費用と不確実性」についてであるが、取引コストを
はかるのは困難があるので、現在の介護報酬単価の設定は取引費

---

[3] 2003 年 10 月 7 日の読売新聞は、全国の 3204 市町村に「介護保険自治体ア
ンケート」を行い、回答した 2898 自治体におけるアンケート調査の結果
から見ると、第三者評価事業を実施していない自治体は全体の 73%を占め
た。「非常に力をいれている」（2%）や「ある程度力を入れている」（9%）
と答えた自治体は全体の 11%しか占めていなかった。

用を除外している。不確実性の対応について、保険に加入する方
法は必要だが、まだ義務化されていない。

　(4)の利用者の福祉追求動機づけについて、福祉追求に対応する
介護保険制度に関して利用者に周知する事が前提である。しかし、
介護保険制度自体をあまり知らない人も少なくないようである[4]。
この理由としては、行政からの情報提供が不十分という見解もあ
るし、現状では利用者は制度の主体というよりも客体になること
も考えられる。

　(5)のクリームスキミングについて、現在、低所得層に対する何
らかの支援対策があるが、利益のために利用者を選別したり、採
算に乗らない事業からの退出を行うこと等についての防止対策は、
十分とは言えない。民間企業が採算を取れない訪問介護サービス
から撤退し、利益を見込める施設サービスの老人ホームなどに進
出するのは、一番分かりやすい事例であろう。

第2節　介護市場の規模

　高齢化の進展とともに、介護を必要とする高齢者の数も増える
ことが見込まれている。厚生省は、介護保険制度による介護費用
の見通しで、介護サービス市場の規模を 2000 年度 4.2 兆円、2005
年度 5.5 兆円、2010 年度 6.9 兆円と予測している（図表 1-2）[5]。

---

[4]　2003 年 10 月 17 日付け毎日新聞は、全国 300 地点から 20 歳以上の男女 2680
　　人の聴き取り調査によって、「介護保険制度自体をあまり知らない」とい
　　う不安や不平が全体の 34%に上がった。
[5]　厚生省監修（1998）、p.241

図表 1-2　介護サービス市場規模予測（兆円）

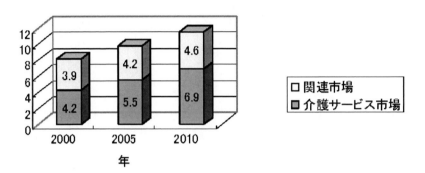

介護市場の将来推計は、厚生省以外にも、民間のニッセイ基礎研究所（以下ニッセイと略する）も行っている。ニッセイによれば、2000 年時点の市場規模は 8.4 兆円、2010 年には 11.3 兆円、2030 年には 20 兆円を超えることが分かっている。ニッセイの推定値と厚生省の推定とを比べるとかなりズレがあるが、厚生省は介護保険の適用される介護費用に限定して予測している。一方、ニッセイは、介護費用が多様な構成費目（要介護高齢者の生活費など）からなっていることに基づき推測している。

第 3 節　介護保険制度の実施状況

介護保険制度の実施状況について、制度の主体者である利用者（被保険者）やサービス提供者の側面から説明していきたい。

1.サービスの利用状況

　まず、利用者の状況について、65 歳以上の被保険者は 2000 年 4月末の 2,165 万人から、2004 年 4 月末の 2,453 万人まで増加した。介護保険制度は開始してから 4 年が経過して、被保険者数は約 288万人増え、増加率は 13.3％である。

　要介護認定者数は 2000 年 4 月の 218 万人から 2004 年 4 月の 387万人になり、増加率は 77.5％である。そのうち、要支援・要介護1 の認定を受けた人は、2000 年 4 月の 84 万 2 千人から 2004 年 4月の 185 万 3 千人と大幅に増加した。増加率は約 120％である。各年度の要介護認定者の推移について示すと、図表 1-3 のようになる。

図表 1-3　要介護度認定者数の推移（千人）

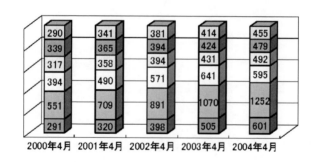

　介護サービスの内容は在宅サービスと施設サービスに大別される。在宅サービスの中には、訪問介護、訪問看護、通所介護、通所リハビリ、福祉用具貸与、短期入所生活介護などのサービスがある。施設サービスは、介護老人福祉施設、介護老人保健施設、

介護療養型医療施設である。介護サービス利用者数の変化につい
ては、在宅サービスの利用者数は 2000 年 4 月の 97 万人から 2003
年 11 月の 221 万人になり、施設サービスの利用者数は 2000 年 4
月の 52 万人から 2003 年 11 月の 73 万人になった。前者の増加率
は 128% で、後者の増加率は 42% である。在宅サービス利用者数
は施設の利用者より圧倒的に多い（詳細は、図表 1-4 を参照）。

図表 1-4　介護サービス利用者数の推移（万人）

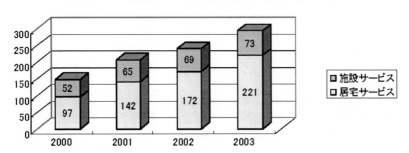

　要介護度別のサービスの利用状況に見ると、要介護度が高いほ
ど、施設サービスを利用する割合が高い。要支援・要介護 1-3 を
認定された利用者の半数以上が在宅サービスを利用する。特に、
要支援については、利用者の全数が在宅サービスを利用する（図
表 1-5）。

図表 1-5　要介護度別のサービス利用状況

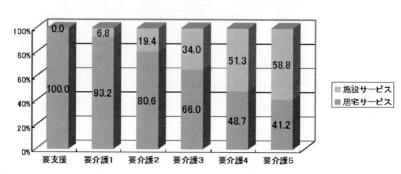

2.サービスの提供状況

　サービス提供については、厚生労働省の第 20 回社会保障審議会
介護給付費分科会の資料[6]により、介護保険制度の実施以降、訪問
介護、通所介護、福祉用具貸与、在宅介護支援、痴呆対応型共同
生活介護などのサービス事業所が年々増加傾向にあることが分か
っている。

　図表 1-6 に示したのは、制度開始の 2000 年 10 月に経営主体別
事業所数の構成割合である。訪問介護のサービス提供について上
位に位置しているのは社会福祉法人の 43.2％であり、次いで営利
法人の 30.3％である。

---

[6]　厚生労働省のホームページ
　http://www.mhlw.go.jp/shingi/2003/05/s0526-3..html を参照、2004 年 10 月 20
　日。

図表 1-6　開設（経営）主体別事業所数の構成割合

2000 年 10 月 1 日現在

	事業所数	構成割合（%）								
		総数	地方公共団体	公的・社会保険関係団体	社会福祉法人	医療法人	協同組合	営利法人（企業）	特定非営利活動法人（NPO）	その他
居宅サービス事業所										
（訪問系）										
訪問介護	9833	100	6.6	…	43,2	10.4	4.6	30.3	2.1	2.7
訪問入浴介護	2269	100	8.6	…	63.5	2.6	0.9	23.1	0.4	0.8
訪問看護ステーション	4730	100	5.1	3.3	10.4	53.3	4.3	6	0.3	17.3
（通所系）										
通所介護	8037	100	22.2	…	66	4.2	1.1	4.5	1.3	0.7
通所リハビリテーション		100							…	
介護老人保健施設	2638	100	5.4	2.1	15.7	73.2	…		…	3.6
医療施設	2273	100	2	1.1		70.3	…		…	26.4
（その他）										
短期入所生活介護	4515	100	13.5	0.1	84.9	0.8		0.6		
短期入所療養介護						…		…		
介護老人保健施設	2616	100	5.5	2.1	15.5	73.3	…	•	…	3.7
医療施設	2035	100	4.8	1.6		72.3	…	0.3	…	21
痴呆対応型共同生活介護	675	100	3.6	…	37.5	31.1	0.3	21.2	5.5	0.9
福祉用具貸与	2685	100	1.6	…	8.3	2.6	3.6	82.6	0.5	0.8
居宅介護支援事業所	17176	100	11.9	0.3	35	25.1	3.3	18.1	0.9	5.5

　図表1-7は、2003 年 10 月に経営主体事業所数の構成割合である。トップは営利法人の 44.8%、次いでは社会福祉法人の 33%である。NPO 法人は、2000 年の 2.1%から 2003 年には 4.7%となった。

図表 1-7　開設（経営）主体別事業所数の構成割合

2003 年 10 月 1 日現在

	事業所数	構成割合（%）									
		総数	地方公共団体	公的・社会保険関係団体	社会福祉法人	医療法人	社団・財団法人	協同組合	営利法人（企業）	特定非営利活動法人（NPO）	その他
居宅サービス事業所											
（訪問系）											
訪問介護	15 701	100	1.5	…	33.0	9.0	1.8	4.2	44.8	4.7	1.0
訪問入浴介護	2 474	100	2.0	…	63.2	3.1	1.1	1.1	28.7	0.6	0.2
訪問看護ステーション	5 091	100	4.9	1.9	9.7	49.3	16.6	5.7	10.9	0.6	0.5
（通所系）											
通所介護	12 498	100	3.6	…	61.9	7.9	1.0	1.7	19.1	4.0	0.8
通所リハビリテーション	5 732	100	3.4	1.4	8.6	73.3	3.1	…	0.1	…	10.0
介護老人保健施設	2 960	100	5.0	2.1	15.8	73.2	3.1	…	・	…	0.7
医療施設	2 772	100	1.7	0.7	0.9	73.3	3.1	…	0.3	…	20.0
（その他）											
短期入所生活介護	5 439	100	5.8	…	91.7	1.1	0.1	0.2	0.9	0.1	0.2
短期入所療養介護	5 758	100	5.3	1.8	8.5	74.5	3.0	…	0.1	…	7.
介護老人保健施設	2 980	100	5.0	2.1	15.7	73.4	3.1	…	・	…	0.7
医療施設	2 778	100	5.1	1.4	0.8	75.7	2.8	…	0.1	…	13.9
痴呆対応型共同生活介護	3 665	100	0.5	…	27.3	22.4	0.4	0.2	42.8	6.2	0.2
福祉用具貸与	5 016	100	0.3	…	4.7	2.8	0.3	3.8	87.0	0.7	0.5
居宅介護支援事業所	23 184	100	4.6	…	34.1	23.6	4.8	3.7	26.0	1.9	1.2

出所：厚生労働省（2002）「介護サービス施設・事業所調査の概況」
http://www.mhlw.go.jp/toukei/saikin/hw/kaigo/service03/kekka1.html

　2001 年 4 月から 2003 年 9 月まで、指定訪問介護事業所総数は
12,179 ヶ所から 18,603 ヶ所に増えた。経営主体をみると、NPO は
2001 年の 344 ヶ所から 2003 年には 861 ヶ所になり、増加率は 150%
と最も高い。次いで営利法人は 4,403 ヶ所から 9,216 ヶ所に増加し
て、109% の増加率となっている（図表 1-8）。医療法人事業所の
増加率は 36.3% で、社会福祉法人事業所の増加率は 14.4% である。
NPO は介護保険事業に参入している団体はそれほど大きな数では
ないけれど、他のサービス提供主体に比べると、増加率は最も高
い。このような状況から、NPO は高齢者向け福祉サービスの担い
手として地域で誕生し拡大してきたと言えるだろう。

図表 1-8　指定訪問介護事業者数

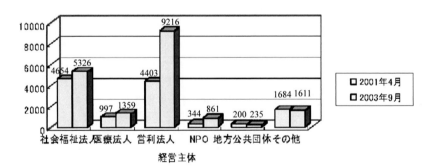

　営利法人の数が圧倒的に多い理由として、要支援・要介護 1 の
認定者数との関係があると筆者は推測している。図表 1-3 に示し
たように、2004 年 4 月に、要支援・要介護 1 と認定された利用者
数は、計 185 万 3 千人になり、全認定者数の 48% となる。これら
の認定者は、9 割以上在宅サービスを利用しているので、営利法
人にとって手が離せない重要なターゲットといえる。しかし、営

利法人は、利益追求のために、単価の高い身体介護サービスを中心として提供しているので、社会ニーズに応じるための福祉 NPO は、企業の採算に合わない家事援助サービスの担い手として活動をしている。2003 年 4 月の介護報酬の改訂にあたっては、在宅重視のため、居宅サービスは全体的に 0.1%引き上がり、施設サービスは 4.0%引き下がることとなった。また、身体介護、家事援助、複合型の 3 つに分けられた訪問介護は、身体介護と生活援助の 2 つにまとめられた。介護報酬の改訂作業で身体介護サービスの報酬単価を下げ、生活援助の報酬単価を上げた。

　事業者にとって、以上の改訂を一見すると NPO にとって追い風であるかに思われるが、本来サービスの大半を占める複合型は、生活援助に移行したため、NPO の収入は急激に減少してしまっている。また、身体介護の 1.5 時間以上は生活援助と同率加算だったため、NPO における介護報酬のアップに繋がらなかった。訪問介護における改訂前報酬や改訂後報酬の比較は、図表 1-9 を参照。

図表 1-9　介護報酬改訂の単価比較

	30 分未満	30 分—1.0 時間	1.0—1.5 時間	以後 30 分毎
身体介護	210	402	584	219
改訂後	231	402	584	83
家事援助		153	222	83
改訂後（生活援助）		208	291	83
複合型		278	403	151
改訂後（廃止）		—	—	—

出所：2003 年 1 月 24 日付「シルバー新報」より

3.訪問介護サービスにおける事業者の活動状況や特徴

　在宅介護サービスのなかで、最も市場規模が多いのが訪問介護である。市場規模が大きく参入障壁が低いため、民事業者の参入率が高い。福祉 NPO における介護保険事業への参入も訪問介護が中心である。図表 1-8 を見ると、指定訪問介護事業者の最大手は営利法人であることが分かる。次いでは社会福祉法人に帰属する社会福祉協議会（以下社協と略す）である。これらの介護市場に参入している介護事業者は、それぞれ異なる目的に基づき、市場内での存立基盤を築く。

　まず、営利企業における介護サービス売り上げに占める各サービスの構成比率は営利法人の構成は、図表 1-10 を参照。

図表 1-10　企業における介護サービス売り上げに占める各サービスの構成率(%)

会社名	セントケア	ツクイ	日本ロングライフ	コムスン	メデカジャパン	ニチイ学館
訪問介護	38.1	46.8			12.7	45.7
訪問入浴	32.3	24.8	25.7	86.2	X	6.4
居宅介護支援	5.3	4.9			2.4	6.3
訪問看護	2.7	X	X	X	X	X
デイサービス	V	16.2	X	X	33.2	18.6
展開都道府県数	12	28	3	47	21	47
代表地域	関東中心	関東から全国	大阪、兵庫中心、今後関東にも進出	全国	埼玉から全国展開	全国

（注）V はわずかながら参入、X は未参入を示す
（出所）各社資料より日興シティグループ証券作成

在宅サービスにおける営利法人の参入について、訪問介護、訪問入浴や居宅介護支援の合計をみると、1 位を占めるのはコムスンの 86.2 である。ツクイの 76.5%やセントケアの 75.7%はわずかの差で 2 位と 3 位を占める。ただ、訪問介護事業の報酬は公定のため、高い利益率は望めず、薄利多売の事業である。営利法人は積極的に全国に進出して介護拠点を行っているのが特色である。また、利益が上がるため、報酬の低い生活援助から報酬の高い身体介護に移る傾向がある。

次に、訪問介護の一事業者である社協は、1994 年 5 月 12、13 日に開いた都道府県・指定都市市社協業務部長会議で、「住民の福祉ニーズに基づいて公的な福祉サービスを積極的に受託し、それらを民間の立場から柔軟に運営しつつ、さらに公的サービスでは対応できない多様なニーズに即応できる住民参加のサービスなどを開発し、総合的運営する市区町村社協」と規定した[7]。介護保険法導入前の社協は、行政からホームヘルパー派遣事業を受託していたので、「親方は行政」と人々が意識していた[8]。それによって、「社協一辺倒」という批判も出てきた。社協は「官と民との悪いところを持ち寄ったような組織」といわれたこともある[9]。

しかし、介護保険制度施行以後、多様な主体が介護サービス市場に参入することになったので、多くの社協は自己を経営体として強化しなければならない。介護保険制度の実施は社協の変革契

---

[7] 『福祉新聞』（第 1736 号、1994 年 6 月 13 日）
[8] 井上（2002）、「介護保険と社会福祉協議会」（豊田、高橋編著（2002）『地域福祉と介護保険』）、p.72
[9] 三好（2001）、「関係論なき制度の末路」（三好編『月刊ブリコラージュ』10 月号）、p.12

機と見られる。介護保険制度が施行された以降、介護保険事業者
としてサービスを提供している社協が少なくない。介護保険事業
への取り組みについて、全国社会福祉協議会によると、2000 年 4
月現在、訪問介護事業を実施する社協は、指定事業者としてだけ
でなく、基準該当及び受託も含んだ数字で、2442 社協（72.5%）
に達する。次いで多い事業が、居宅介護支援事業の 1385 社協
（41.1%）、訪問入浴事業 990 社協（29.4%）であり、要介護認定
調査を受託した社協は 1645 社協に及んでいる。また在宅介護支援
センターを 848 社協が運営し、基幹型在宅支援センターは 413 社
協となっている[10]。従って、ほとんどの社協は、介護保険事業など
を受託して、「事業型」社協と「支援型」社協との複合体となっ
ている。市川（2001）は、介護保険における社協の役割が①保険
医療機関や民生委員、ボランティア、住民等と協働した相談・情
報提供サービスの整備とニーズ発見の強化、②利用者の苦情対応
システムと地域福祉権利擁護事業の整備、③必要なサービスの利
用を抑制する利用者、地域住民等の意識への取り組み、④孤立を
防ぐための地域住民の交流と社会参加を促進するシステムの構築、
⑤小地域福祉活動を通した支え合いの地域ネットワークの形成、
⑥生活環境や地域のバリアフリーに着目した「まちづくり」の推
進、⑦利用者主体という社協の存立基盤に基づいた積極的な発言
と政策提言、⑧介護保険給付対象外の地域住民に対するサービス
強化及び開発、⑨ケアマネージャーや福祉・介護従事者、ボラン
ティアへの養成、研修等の支援、⑩高齢者保健福祉計画・地域福

---

[10] 市川（2001）、「社会福祉協議会は、介護保険から何を学ぶか」（『月刊
　　福祉』、2001 年 4 月号）、p.32

祉計画・介護保険事業計画への参画による支援システムの具体化
などを取上げられる。

　社協は、社会福祉事業の経済活動について、一部公益事業や収
益事業が認められているものの、本体は社会福祉事業の補完的な
位置づけとなっとおり、自由に行うことのできない点で不利であ
る。また、意思決定についても、理事会や評議委員会に諮ること
が義務付けられているなど、市場に即応した迅速で柔軟な対応を
しにくい仕組になっている[11]。

　一方、福祉 NPO について、介護保険制度実施後、NPO 法人の
事業所 2 倍以上に増え、2003 年 9 月現在、NPO 法人が訪問指定事
業者数は、861 となっている（図表 1-8）。サービスの内容につい
て、福祉 NPO は、介護保険事業以外、行政や社会福祉法人、民間
企業などでは事業展開しにくい領域でサービスをも提供している。
また、大手の民間企業に比べると、福祉 NPO は、小規模・地域密
着などの特徴があり、組織としては柔軟で利用者のニーズに応じ
る。福祉 NPO の実態や特徴の詳細に関しては、第 2 章の第 2 節を
参照。

第4節　介護市場の特徴

　岡本（1999）は、介護保険における介護市場が特殊な構造を持
っていると述べた。その特殊性とは以下のように示される[12]。

---

[11] 高山（1998）編著、p.135
[12] 岡本、「高齢者介護事業評価の動向と課題」、

　1.相互扶助及び自治制度による市場原理の補完：介護保険制度の実施財源の半分は、国や自治体の税金で賄い、残りの半分は、被保険者の保険料で賄われる。従って、介護市場は純粋な市場原理に依拠しているわけではなく、半公半民という形で機能している。公と民の助け合いの上、税金をムダにならないように、保険者として自治体が制度を運営している。

　2.利用者が構造的弱者である市場：利用者が構造的弱者である理由が 4 つある。①施設サービスについて、一度利用すると提供者を変えることが容易ではない。②医療や看護に関する専門的知識を持たないので、質の判断能力が十分ではない。③利用者側は、サービス選択の能力が不十分である。④体力が衰える高齢者にとって、密室化したサービスによる不祥事が起こりやすい。それ故に、利用者の主権原理は介護市場で充分に機能していないようである。それに加えて、利用者の構造は、要支援・要介護と認定された第 1 号被保険者である 65 歳以上の高齢者と第 2 号被保険者である特定疾病に罹る利用者によって構成されている。これらの利用者は精神的にも体力的に弱かった状態にある。

　筆者は、介護保険制度の実施体制や現状による、以下の 3 点を付け加えた。

　1.行政主導型市場としての介護保険市場：サービス提供事業者の指定、要介護度の認定、介護報酬の決定、制度に対する見直しなど全てが国に握られている。従って、事業者の動向は行政の決

---

http://www.jttk.zaq.ne.jp/babrs808/okamoto/koureisya.html を参照、2002 年 5 月 21 日。

定に大きく影響されている。このような「行政リスク」[13]が顕在化
しているので、どのようにしてこのリスクを分散するかは、各々
のサービス提供事業者の課題の一つだと言える。

　2.消費者意識が鮮明でない市場：多様な事業者の中から良いサ
ービス提供者を選択できることは介護保険制度のメリットのひと
つである。しかし、行政主導の色彩が濃く、利用者に選択する意
識が低い。それに加えて、利用者自身は、制度の中における主体
の一つという意識も希薄である。それによって、介護保険制度は
円滑に機能していない恐れが生じる。

　3.機会主義が容易に発生する市場：それぞれのサービス提供主
体は市場に参入する際に、行政の設定した条件を満たす必要があ
るが、事業者の退出には制限がなく、前述のように企業側は利潤
を追求するために赤字である事業から撤退するといったことが絶
えず出てくると思われる。

　利用者に対する普遍性・権利性・公平性・選択性を訴える介護
保険制度は、以上の市場の特性によって、阻害されてしまう可能
性がある。だが、介護市場における福祉 NPO は、利用者に対する
情報の提供者、利用者の代弁者、行政や企業の補完、独自サービ
スの提供者などの役割を果たしているので、介護保険制度の目的
を達成するために不可欠な存在であるといえよう。

---

[13] 梁川（2004）、p.76

第 2 章　介護保険における福祉 NPO の実態

　本章では、日本における福祉 NPO が重視されるかどうかは、福祉サービス社会保障政策のパラダイムや住民参加型在宅サービス事業への変化に依っていると論じられている。加えて、NPO 法施行以来、認証された NPO の数や活動分野について把握すると同時に、福祉分野で活動すると表明している NPO の現状について触れていく。

　また、福祉 NPO の実態を考察するために、3 つのアンケート調査の結果を踏まえながら、福祉 NPO の特徴や課題などについても検討していく。

第 1 節　福祉サービス社会保障政策のパラダイムによる NPO の重視

1.高齢者福祉サービスにおける社会保障政策の変化

　1970 年に入ると、日本における 65 歳以上の高齢者人口の総人口に占める割合が 7%を超え、高齢化社会が到来する。人々の社

会福祉への関心がこれを契機に高まっていった。1971年以降、新たな福祉関係立法が制定され、さまざまな社会保障政策や法改正が進められた。

　1971年には、ヨーロッパやアメリカの基準を目標として「社会福祉施設緊急整備5ヵ年計画」が策定された。

　1973年に、国民皆年金・皆保険が達成されてから、社会保障制度は大きく転換した。また、老人医療費の自己負担の無料化は、老人福祉法の一部改正により実現したので、1973年は「福祉元年」と言われた。

　1973年10月から、第4次中東戦争をきっかけに石油危機が世界を襲った。日本経済の成長はマイナスになってしまい、福祉予算と政策に関する「福祉見直し」論が登場した。福祉見直し論は、福祉供給体制の再編成と受益者負担原則という要点で導入された。前者の再編成の具体例は、1979年に策定された「新経済7ヵ年計画」である。その計画は、「新しい日本型福祉社会の創造」という考えにより、次の7つのポイントにまとめられた。(1)欧米型福祉国家の否定、(2)自助努力の重視、(3)家庭による福祉の重視、(4)地域における相互扶助の重視、(5)企業福祉の重視、(6)民間活動力および市場システムの重視、(7)社会保障施策は自助努力や家庭福祉などが機能しえない場合の補完など。後者の受益者負担原則は、福祉サービスを受ける場合、利用料の全部或いは一部を受益の程度に応じて、サービス受給者が金銭的な負担を負うということである。具体例としては、1982年の老人医療費支給制度の見直しである。

　1989 年 12 月に「高齢者保健福祉推進 10 ヵ年戦略」（いわゆる
「ゴールドプラン」）が公表された。この戦略の具体的な施策は、
(1)市町村における在宅福祉対策の緊急整備、(2)「寝たきり老人ゼ
ロ作戦」の展開、(3)在宅福祉などの充実のための「長寿社会福祉
基金」の設置、(4)施設の緊急整備、(5)高齢者の生きがい対策の推
進、(6)長寿科学研究推進 10 ヵ年事業、(7)高齢者のための総合的
な福祉施設の整備である。1989 年 4 月から導入された消費税も、
「高齢化社会に備える」という目的で実施された。1990 年に福祉
八法[1]の改訂を契機として、そして老人福祉法及び老人保健法によ
って、全ての都道府県・市町村に「老人保健福祉計画」の策定が
義務付けられた。

　1994 年 8 月には「高齢者保健福祉推進 10 ヵ年戦略の見直しに
ついて」（新ゴールドプラン）が策定された。この戦略には、次
のような点が明記されている。第一に、「利用者本位・自立支援」、
「普遍主義」、「総合的サービスの提供」、「地域主義」という
基本理念で、高齢者介護サービス基盤の整備に関する枠組みに取
り組むこと、第二に、24 時間対応ヘルパーの普及、第 3 に、特別
老人ホームにおける個室化の推進などである。

---

[1]　社会福祉 8 法は、老人福祉法、身体障害者社会福祉法、精神薄弱者福祉法
　　児童福祉法、母子及び寡婦福祉法、社会福祉事業法、老人保健法、社会福
　　祉・医療事業団法である。

2.住民参加型から NPO 法人

　前節における福祉サービスの社会保障政策変化から、日本の高齢者介護は、戦後の 70 年代に自助・互助による家庭福祉と地域福祉の代替や補完によってカバーされた。バブルによって経済発展した 80 年代に、在宅福祉サービスの充実以外、施設サービスの整備も重視された。バブル崩壊の 90 年代には、福祉サービスにおける個々人の尊重（利用者本位・自立支援）、普遍性、地域性、サービス提供の充実性などが強調されていた。在宅重視やサービス提供を充実するために、ホームヘルプサービスは重要な役割を果たしている。次に、そのホームヘルプサービスの変遷について紹介していきたい。多くの NPO 法人の前身である住民参加型ホームヘルプサービスもその移り変わりの中から登場した。

　須加美明（1998）は、4 段階でホームヘルプサービスの歴史を説明する。「制度の設立期」である第 1 段階は、1955 年から 60 年に亘って、長野県上田市から始まり、各地に広がった。「制度拡充と常勤化の時代」である第 2 段階は 70 年代頃行われた寝たきり老人対策としての常勤ヘルパー増員で、国の 95％以上の市町村がホームヘルプサービスを実施した。「有料化と多様化の時代」である第 3 段階は、80 年代に、ホームヘルパーの非常勤化を導入し、福祉公社や住民互助型などの形で、ホームヘルプサービスを提供した。「サービス量の拡大と専門化の時代」である第 4 段階は、90 年代以降、「高齢者保健福祉推進 10 ヵ年戦略」によるサービス提供量が増加し、これに対してサービス提供者の専門性を求めるために、福祉士取得者が増えてきた。

　2000 年 4 月以降、介護保険制度が開始され、多様な事業者の参
入により利用者選択、サービス質の向上などが期待され、まるで
「利用者を巡る百家争鳴の時代」のようである（ホームヘルプサ
ービス事業の変遷について、図表 2-1 を参照）。

図表 2-1　ホームヘルプサービス事業の変遷

1956 年	長野県の事業として「家庭養護婦派遣事業」が開始される。
1959 年	「家庭奉仕員派遣制度」と変更
1963 年	「老人福祉法」で家庭奉仕員が制度化。対象者は低所得者限定
1967 年	家庭奉仕員制度が、低所得者から身体障害者に拡大
1970 年	家庭奉仕員制度が、心身障害者児童の家庭に拡大
1982 年	サービスを受ける対象家庭への所得制限が廃止、無料から所得別の有料サービスに変更
1987 年	・「社会福祉士及び介護福祉法」で国家資格の介護専門職が誕生 ・ヘルパーにおける研修制度（360 時間）の導入
1988 年	ガイドヘルパー（視覚障害と脳性麻痺が対象）誕生
1989 年	・特別養護老人ホームやシルバーマーク取得の民間業者にヘルパー派遣事業の委託が可能 ・高齢者保健医療福祉の 10 ヵ年戦略では 10 年後にヘルパー10 万人の目標が出された
1991 年	ヘルパーの研修制度が 1、2、3 級に分化、カリキュラムができた
1992 年	・ホームヘルプサービスのチーム運営方式の導入（主任ヘルパーが看護婦、ソーシャルワーカーと連携しコーディネート業務を行う） ・JA（全国農業協同組合）が在宅福祉事業を柱に位置づけし、事業化に取り組む
1993 年	ガイドヘルプサービスは精神薄弱者に拡大

1994 年	「高齢者保健福祉推進 10 ヵ年戦略の見直しについて」は 1999 年までにヘルパー17 万人の目標が立てられる
1995 年	24 時間巡回型ホームヘルプサービスの導入
1996 年	ヘルパー研修制度の変更（3 級 50 時間、2 級 130 時間、1 級 230 時間）
1998 年	ホームヘルプサービス事業が自治体の委託から、事業費補助方式に転換し民間シルバーマーク事業者への優先的な自治体委託がなくなる。
2000 年	ヘルパーの派遣は措置から介護保険の適用される訪問介護事業に変化した。

出所：服部（2002）を参考に作成

　80 年代後半にヘルパー研修が導入され、民間業者へのヘルパー派遣事業の委託やヘルパー人数の達成目標によって、とりわけ中年の女性の研修者が増加した。研修を終えヘルパー資格を手に入れた人々は、地域の生活者としての住民による支えあいという理念の下で、自発的にホームヘルプサービスを地域で必要な人々に提供した。それらのグループは、任意団体として活動していた。公的ホームヘルプサービスは、低所得者を中心としてサービスを提供している。高所得層は、営利企業に提供されるシルバービジネスのような単価の高いサービスを受ける。しかし、中間所得層におけるサービスの不足がこの時点から見られた。それらの中間所得層のニーズを満たすために、住民参加型在宅福祉サービス団体[2]はサービスの利用者と担い手を会員制とし、比較的低廉な利用

---

[2] 「住民参加型在宅福祉サービス団体」は、金川（2002）によれば、昭和 50 年代（1975 以降）の後半頃、東京や阪神地域などの大都市の近郊地域を中心に発展してきたようである。

料を受け取って、活動を開始した。また、サービスの担い手は、全くの無償ではなく、有償ボランティア[3]として金銭的な報酬が受け取れる。住民参加型在宅福祉サービス団体は、利用者から得た利用料と有償ボランティアの報酬との僅かな差額を事業運営としたから、赤字で活動を継続する場合が多いようである。

　岩見（1997）は住民参加型在宅福祉サービス事業がさまざまな特徴を有しているが、非営利の公益的な活動であると同時に、活動の担い手も受け手も一定の地域社会を基盤とした活動でなければならないと述べている[4]。地域住民の理解と協力はこれらの団体にとって欠かせないことだが、多くの地域住民は住民参加在宅福祉サービス団体の公益性に対する認知は薄くなる。未だに、地域の理解と協力を求めるために努力を続けている団体が多いようである。

　こうした社会的認知を貰うために、1998 年 12 月に NPO 法（特定非営利活動法）が施行され、これを契機として、住民参加型在宅福祉サービス団体が NPO 法人となった。2000 年 4 月に実施された介護保険制度によって、福祉 NPO は介護事業の参入が可能となった。NPO は介護保険事業の参入から得た利益を本来事業である助け合いサービスに支援して活動を続ける。これは、D. Young

---

[3]　田中（1994）は、有償性が一般化してきた理由と背景が次のように説明した：①高齢化や核家族化に伴う援助をする人が多くなり、ボランティア活動が広がってきた。②援助を受ける側は、経済的なゆとりがあるので、感謝の気持をあらわすために謝礼を払う。③利用者と担い手の感覚ズレがないために、有償性になってきた。④「有償ボランティア」の形でサービスを提供するのは有効である。⑤対等性や合理性によって、サービスの利用者や担い手が参加しやすくなってきた。

[4]　岩見（1997）、p.78

（1997）の来日講演の中で、不採算である使命と直結する本来事業を採算の取れる事業から得た利益で埋め合わせるクロスサブシディ理論、事業化による寄付金や助成金に依存性が低下するクラウドアウト理論と一致する[5]。

3.日本における NPO の現在

NPO 法は 1998 年 12 月から施行され、2005 年 9 月末で 2 万 3608 団体が全国で認証されている（図表 2-2）。NPO 法の認証は、現行の社団法人、財団法人、社会福祉法人などの認可基準に比べると容易に取得できる。その法人格の取得を通して、市民団体は社会的認知を得る機会ができる。

図表 2-2 特定非営利活動促進法に基づく申請受理数及び認証数、不認証数

（1998.12.1~2005.9.30 累計）

所轄庁名	受理数（累計）	認証数（累計）	不認証数（累計）	解散数（累計）	認証取消数（累計）	所轄庁名	受理数（累計）	認証数（累計）	不認証数（累計）	解散数（累計）	認証取消数（累計）
北海道	924	900	0	21	3	京都府	630	601	0	13	0
青森県	172	166	0	3	0	大阪府	1963	1832	1	38	1
岩手県	222	215	0	2	0	兵庫県	853	805	3	18	0
宮城県	385	362	0	11	0	奈良県	188	175	0	3	0
秋田県	126	118	0	4	0	和歌山県	184	168	0	1	0

---

[5] Young, D. 1997　来日講演録、pp.45-46

山形県	189	188	0	0	0	鳥取県	95	90	0	1	0
福島県	301	279	1	2	0	島根県	125	119	0	0	0
茨城県	298	287	0	8	0	岡山県	282	263	1	15	1
栃木県	267	258	0	6	0	広島県	384	356	2	9	0
群馬県	415	396	1	13	0	山口県	220	210	0	7	2
埼玉県	791	737	0	12	2	徳島県	124	120	0	0	0
千葉県	976	913	0	16	0	香川県	146	139	2	1	0
東京都	4822	4496	78	97	0	愛媛県	184	178	0	4	0
神奈川県	1507	1414	0	29	4	高知県	154	139	0	5	0
新潟県	339	319	0	7	0	福岡県	802	745	1	34	6
富山県	140	132	0	2	0	佐賀県	161	154	0	3	0
石川県	181	164	0	1	0	長崎県	223	216	0	4	0
福井県	154	147	0	4	0	熊本県	283	269	2	4	0
山梨県	145	139	0	1	0	大分県	246	232	1	3	0
長野県	509	487	0	10	0	宮崎県	150	139	0	2	0
岐阜県	327	306	0	2	0	鹿児島県	238	228	0	1	0
静岡県	531	508	0	12	0	沖縄県	202	189	0	4	0
愛知県	796	763	0	11	0	都道府県計	22967	21651	94	463	20
三重県	357	345	1	11	1	内閣府	2149	1957	80	45	7
滋賀県	256	245	0	8	0	全国計	25116	23608	174	508	27

（注 1）定款変更による所轄庁の変更があった場合は、申請数、認証数ともに新
　　　たな所轄庁の欄へ移動させている。また、解散の場合には申請数、認証
　　　数ともに減算している。
（注 2）認証取消数（累計）は解散数（累計）の内数である。
出所：http://www.npo-homepage.go.jp/data/pref.html

　NPO の活動分野については、施行当初は 12 分野だったが、2003年 5 月から 17 分野へ拡大された。活動内容は次の通りである。(1)保健・医療・福祉、(2)社会教育、(3)まちづくり、(4)学術・文化・スポーツ、(5)環境、(6)災害、(7)地域、(8)人権・平和、(9)国際協力、(10)男女共同参画、(11)子供、(12)情報化社会、(13)科学技術、(14)経済活動の活性化、(15)職業能力開発、(16)消費者保護、(17)前各号の活動を行う団体の支援。

　2005 年 9 月末時点の内閣府調査によると、1 位は保健・医療・福祉関係の 56.8%、2 位は社会教育の 47.1%、3 位は NPO 法人への支援の 44.5%である（図表 2-3）。保健・医療・福祉の分野が首位であることは、2000 年 4 月から介護保険制度が発足して財源手当てができたことにもよるであろう。さらに、NPO という地域密着でしかも非営利性という事業形態によって、利用者からの信頼を得やすかったことも大きな要因と思われる。

図表 2-3　特定非営利活動法人の活動分野について

号数	活動の種類	法人数	割合 (%)	H17.6 月末比 増加数 (参考)
第 1 号	保健・医療又は福祉の増進を図る活動	13414	56.8	1311
第 2 号	社会教育の推進を図る活動	11117	47.1	1078
第 3 号	まつづくりの推進を図る活動	9437	40.0	974
第 4 号	学術、文化、芸術またはスポーツの振興を図る活動	7653	32.1	850
第 5 号	環境の保全を図る活動	6815	28.9	659

第 6 号	災害救援活動	1546	6.5	161
第 7 号	地域安全活動	2172	9.2	264
第 8 号	人権の擁護又は平和の推進を図る活動	3605	15.3	334
第 9 号	国際協力の活動	5078	21.5	387
第 10 号	男女共同参画社会の形成の促進を図る活動	2128	9.0	183
第 11 号	子どもの健全育成を図る活動	9328	39,5	1005
第 12 号	情報化社会の発展を図る活動	1632	6.9	261
第 13 号	科学技術の振興を図る活動	811	3.4	145
第 14 号	経済活動の活性化を図る活動	2172	9.2	470
第 15 号	職業能力の開発又は雇用機会の拡充を支援する活動	2647	11.2	562
第 16 号	消費者の保護を図る活動	967	4.1	188
第 17 号	前各号に掲げる活動を行う団体の運営又は活動に関する連絡、助言又は援助の活動	10499	44.5	1202

（注 1）一つの法人が複数の活動分野の活動を行う場合があるため、合計は 100%
　　　　にならない。

（注 2）第 12 号から第 16 号までは、改正 NPO 法施行日（2003 年 5 月 1 日）以降
　　　　に申請して認証された分のみが対象。

出所：http://www.npo-homepage.go.jp/data/bunnya.html

第 2 節　福祉 NPO の実態

　福祉 NPO の実態を知るために、本節は、九州大学安立研究室による「介護系 NPO の全国実態調査」とさわやか福祉財団による「2001 年度非営利活動バロメーター計画－NPO・住民互助型組織の定点調査報告書」の調査結果を検討し、また、2001 年に東北大

学藤井研究室非営利組織論演習で行われた福祉 NPO アンケート調査結果をもとに福祉 NPO の実態を考察していきたい。また、それらの調査結果を踏まえて、福祉 NPO の実態、固有の特徴や課題などについて明らかにしたい。

1.九州大学安立研究室における「介護系 NPO の全国実態調査」

1.1 介護系 NPO に注目する理由

九州大学安立研究室は NPO 法人市民福祉団体全国協議会の協力で、2001 年 11 月から 12 月に介護系 NPO における全国実態調査を行った。介護系 NPO に注目する理由は幾つかある。それは、(1)多くの介護系 NPO の前身は地域のボランティア団体から発展してきているが、それらのボランティア団体は NPO になる意味がどこにあるかということ、(2)介護保険の事業者になる NPO は、経営的自立ができる一方、法人制度にかかわる問題や課題も出てきたこと、(3)地域福祉や介護保険制度における介護系 NPO の役割は何であるかということ、(4)介護系 NPO は、介護保険制度の課題や問題、また、社会福祉改革の方向性について重要な示唆を与えること、(5)多様な利害関係者（行政や他の専門機関、企業など）との協働による社会へのインパクトがあることである。

1.2 介護系 NPO の実態

(1)介護系 NPO の沿革：多くの介護系 NPO は、任意団体として活動がはじまり、NPO 法の実施によって法人格を取得した。設立時期をみると、阪神淡路大震災前後が最も多かった。

(2)介護系 NPO の地域分布：地域分布をみると、多くの介護系 NPO は大都市近郊にあり、地域的な分布の偏りが大きい。

(3)サービス内容：サービスの提供について、最も多いのは訪問介護サービス、次いで、居宅介護支援（ケアプラン作成）、通所介護（デイサービス）の順である。介護系 NPO の特徴の一つは、介護保険枠外サービスの提供である。これらのサービスは、任意団体として活動し始めた時から提供している「ふれあい・たすけあい活動」である。介護保険の枠外サービスの提供状況について、ホームヘルプサービスは最も多く、次いで、移送サービス、子育て支援である。その枠外のサービス提供は介護保険の補足とも見られるし、介護系 NPO の独自性や特色を生み出したともいえる。

(4)事業運営：本調査は介護系 NPO の規模を大規模 NPO（年間事業高 5 千万円以上）、中規模（1 千万円から 5 千万円未満）、小規模（1 千万円未満）と分けている。大規模 NPO の運営課題に関しては、つなぎ資金や投資資金の問題、組織運営の問題（労務管理、人事管理）などがマネジメントの一般的な課題である。中規模 NPO の課題は、介護保険サービスと本来事業（たすけあい、ふれあい活動など）のバランス、常勤スタッフとボランティアの関係の明確化などである。小規模 NPO は、ボランティア活動を中心として行う団体が多い。介護保険事業の拡大より、地域の市民相互扶助の充実を重視している。

1.3 介護系 NPO の特徴

本調査は、介護系 NPO における特徴を以下の 3 つにまとめている。

　第一に、介護系 NPO がボランティア団体から発展したことである。言い換えると、多くの介護系 NPO は介護保険制度の実施によって活動し始めたのではなく、介護保険制度の実施以前から地域の福祉ニーズに応じるために活動を始めている。

　第二に、介護系 NPO が介護保険枠外の多様な独自サービスを提供している。枠外サービスとは、ホームヘルプサービスである家事援助、移送サービス、配食・会食、話し相手・見送り、子育て支援、緊急通報・安否確認などである。

　第三に、介護系 NPO は小規模・地域密着型で利用者本位の活動を展開している。介護系 NPO は全国規模で事業を展開していない。

　以上の特徴をみると、介護系 NPO は地域に根ざした利用者本位の活動を行っていることが分かるが、介護系 NPO に注目する理由である NPO になる意味、NPO 法人制度にかかわる課題や問題、福祉 NPO の役割、ネットワークの構築による社会へのインパクトなどについてはまだ解明されていない。そこで本稿では前述の課題を解明するために、以下のさわやか福祉財団の「2001 年度非営利活動バロメーター計画－NPO・住民互助型組織の定点調査」を取上げた。

2.さわやか福祉財団の「2001 年度非営利活動バロメーター計画－NPO・住民互助型組織の定点調査」の分析

2.1 調査目的

　特定非営利活動促進法（いわゆる NPO 法）が施行され、特定非営利活動法人（以下 NPO 法人と呼ぶ）は年々増加傾向にある。一

方、NPO 法人格を持たない、従来型の「住民互助型組織」も存在
しているが、それらの団体の活動を網羅的に捉えているデータは
ない。そこで、本調査においてデータの整備を行い、有効な非営
利セクターへの支援を検討することを主な目的としたい。

2.2 調査方法

　調査対象について、2001 年 11 月 30 日を基準日として、NPO 法
人は WAM ネットに登録されている 654 団体、住民互助型団体は
東京都社会福祉協議会とさわやか福祉財団の所有している名簿か
ら 84 団体を対象に郵送調査を行った。

　回収率は NPO 法人が 46.9%、住民互助型団体が 25%、全体とし
て 44.4%であった。

2.3 調査結果概要

I 団体の概要と設立について

(1)団体の設立について

　NPO 法人格を持つ回答団体の設立年について、阪神淡路大震災
のあった 1995 年以降の設立が最も多く 72.9%となっており、2000
年代になって設立された団体は 26.4%となっている。NPO の法人
格の取得は 1999 年が最も多く 43.2%であり、次いで 2000 年の
34.2%、2001 年の 21.3%となっている。住民互助型団体の設立は
1995 年前後に多くなっている。

(2)団体の役割

　団体の役割では、回答した NPO の半数が「独自のサービスを提供している」と考えている。次いで、「質的に違うサービスを補足的に提供している」と考えている団体は 32%となっている。住民互助型団体の 48%が「独自のサービスを提供している」と考えている。次いで、「質的に違うサービスを補足的に提供している」が 33%、「量的な不足を補充的に提供している」が 19%となっている（図表2-4）。

　役割の達成度について、法人格の有無を問わず、「果たせている・ほぼ果たせている」と考えている団体は 9 割以上であった。

図表2-4　法人格の有無と団体の役割

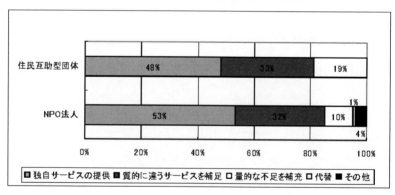

II 活動の概況

　(1)サービスの提供内容：サービスの提供について、NPO 法人に、介護保険サービスの提供は 8 割弱（79.43%）、そのうち、訪問介

護が半分強で（58.09%）、その中心は家事援助型であった。次いで居宅介護支援 35.97%、通所介護 19.8%となっている。介護保険枠外サービスの提供は 8 割強の団体が行っている。そのうち、最も多いのはホームヘルプ・家事援助サービスの 53.95%、それに続いて「話し相手・見守り」35.9%、「移送・移動サービス」33.9%、「子育て支援」26.6%となっている。

　住民互助型団体に関する介護保険枠外サービスの提供について、最も多かったものが「ホームヘルプ・家事援助」で 14 団体、「移送・移動サービス」8 団体、「話し相手・見守り」、「子育て支援」がそれぞれ 7 団体となっている。

　(2)サービス提供範囲：NPO 法人の場合は、9 割以上の団体が、市区町村規模もしくは市区町村以上としていて、比較的広範囲にサービスを提供している。住民互助型団体の場合は、小学校区・中学校区の限定的な地域区分は少なく、最も多い範囲が市区町村の 12 団体であった。

　(3)活動の担い手：職員・スタッフの構成について、「常勤職員」、「非常勤職員」、「有償ボランティア」、「無償ボランティア」に分類し、NPO 法人や住民互助型団体におけるそれぞれの平均値は図表　のとおりである。NPO 法人の方は、「有償ボランティア」17 名が最も多く、次いで、「非常勤職員」15 名となっている。住民互助型団体の方は、「有償ボランティア」の 11 名が最も多く、次いで、「無償ボランティア」の 4.8 名となっている。非常勤職員の人数は、NPO 法人の 15 名が住民互助型団体の 3 名より多かった。ここで意外なのは、住民互助型団体の「無償ボランテイア」が 4.8 名ということである（図表 2-5）。これは、本調査の住民互

助型団体の財政規模（全サービス収入）が大きいからなのではないかと推測される。図表 2-5 に示した「有給スタッフ」は、常勤職員、非常勤職員、有償ボランティアの合計である。

図表 2-5　職員・スタッフの構成

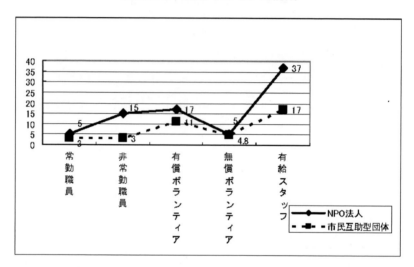

III 他機関との連携について

他機関との連携について、NPO 法人は、他の住民団体や NPO、自治体、社会福祉協議会などとの協力関係をもっている。協力関係の内訳は、主に他の自民団体・NPO（41.35%）、次いで自治体（25.32%）、社会福祉協議会（16.03%）となっている。競合しているのは、営利サービス業者が多かった（36.36%）。頻繁に連絡しているのは、他の住民団体・NPO（37.77%）、自治体（23.18%）が多い。対立しているのは、「なし」と答えた団体が 9 割以上である（図表 2-6）。

図表 2-6　NPO 法人における他機関との連携やそのかかわり方 (%)

	他の住民団体・NPO	自治体	社会福祉協議会	営利サービス業者	なし
協力	41.35	25.32	16.03	10.97	6.33
競合	6.2	0.41	17.77	36.36	39.26
頻繁の連絡	37.77	23.18	12.88	9.87	16.31
対立	0	1.25	2.5	5	91.25

　住民互助型団体では、協力している団体について「他の住民団体・NPO」の 42.86%が最も多かった。競合するのは、「社会福祉協議会」の 30.77%が多かった。頻繁に連絡している団体は、他の住民団体・NPO が多く、9 割以上の回答が対立している団体「なし」と回答している。しかし、「自治体」と対立しているとの回答が 7.14%となっている。ここから、お互いの理解が必要となることが分かる（図表 2-7）。

図表 2-7　住民互助型団体における他機関との連携やそのかかわり方 (%)

	他の住民団体・NPO	自治体	社会福祉協議会	営利サービス業者	なし
協力	42.86	14.29	14.29	7.14	21.43
競合	0	0	30.77	7.69	61.54
頻繁の連絡	23.08	15.38	7.69	7.69	46.15
対立	0	7.14	0	0	92.86

IV 組織運営について

(1)会員制度

　会員制度について、法人格の有無を問わず、会員制を採用している団体はそれぞれ 9 割以上を占めている。会員数の平均値は、NPO 法人が 142 人であり、市民互助型団体が 231 人である。

(2)事業収支状況

　事業収支状況について、NPO 法人の方は、「収支バランスが取れている」の 35%が最も多く、次いで、「やや黒字」の 26%、「やや赤字」の 21%、「大幅な赤字」の 14%、「大幅な黒字」4%と続いている。赤字と黒字に分類すると、「赤字」が 35%、「黒字」が 30%となり収支状況をとりまく環境はほぼ二分されている。

　住民互助型団体の方は、「収支バランスが取れている」とする団体が 52%で最も多く、次いで、「やや赤字」の 24%、「やや黒字」19%となっている。「大幅な赤字」と回答した団体は 5%である。「大幅な黒字」と回答した団体はなかった（図表 2-8）。

図表 2-8　法人格の有無と事業収支の状況

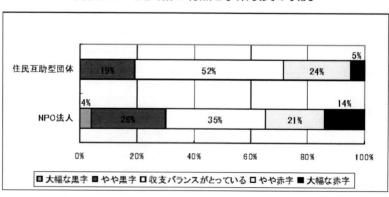

(3)財源構造

　財源構造について、NPO 法人の主要収入源は介護保険事業収入であることが分かる。次いで、枠外サービス事業収入である。市民互助型団体の主な収入源は助成・補助金が最も多く、次いで、枠外サービス事業収入、会費という順である（図表 2-9）。

図表 2-9　法人格の有無と財源構造

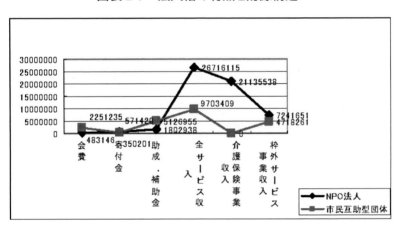

V団体の課題

　団体の課題について、法人格の有無を問わず、「人事・労務管理」に困難を示す団体が最も多かった。次いで、「運転資金・財政基盤」である。NPO 法人ではそれに続いて「組織体制・事務局機能」が 35 団体、「活動・事業の方向性」が 19 団体となっている。一方、市民互助型団体は、「地域・行政などとの関係」、「利用者・会員への対応」がそれぞれ 3 団体となっている（図表 2-10）。

図表 2-10　団体の課題

課題	NPO 法人	市民互助型団体
1.　人事・労務管理	112	6
2.　運転資金・財政基盤	50	4
3.　組織体制・事務局機能	35	1
4.　地域・行政などとの関係	18	3
5.　利用者・会員への対応	17	3
6.　活動・事業の方向性	19	1
7.　その他	9	0

*表の数字は回答のあった団体数である。

3.2001 年度東北大学藤井研究室の「福祉NPO活動実態アンケート調査」の分析

3.1 調査目的

　本調査は、二つの目的で行われた。第一は、NPO 法や介護保険制度の実施に伴う非営利活動法人（以下、NPO 法人と呼ぶ）と法人格を持たない従来の住民互助型組織である任意団体の活動実態を明らかにすることである。第二は、介護保険におけるそれらの福祉 NPO 団体の特徴、性質、課題などを明らかにすることである。

3.2 調査方法

(1)調査対象

　調査対象は、仙台市の『市民活動ハンドブック』の第二章に掲載されている福祉 NPO 団体及び NPO 法人「杜の伝言版ゆるる」

に出版された『NPO の高齢者福祉サービス』にリストアップされ
ている全ての団体を含めて計 107 団体である。

(2)実施及び回収率

<調査方法>

　郵送調査

<調査実施日>

　2001 年 12 月に郵送し、当初、12 月 25 日を締め切りと設定した
が、回収できなかった団体に関しては、2002 年 1 月末までに締め
切りを延長した。

　回収数は特定非営利法人（以下 NPO 法人）14 団体、NPO 法人
以外の法人 2 団体、任意団体 46 団体の合計 62 団体であった。回
収率は 57.9%であった。

3.3 調査結果

I 団体の概要と設立について

(1)団体の設立年

　団体の設立年をみると、最も古い団体は 1964 年で、最も新しい
団体は 2000 年となっている。設立の分布は図表 2-11 をみて分か
るとおり、1988 年まで、1989 年から 1994 年まで、1995 年以降の
3 つのグループに分かれている。1989 年から 1994 年までに設立さ
れた団体は 27.4%となっており、阪神淡路大震災のあった 1995 年
以降の設立は 51.4%となっている。一方、1988 年までに設立され
た団体は 21%となっている。

図表 2-11　設立時期 (%)

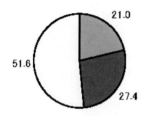

　　　　　　　　　　　　■ 1988年までに設立
　　　　　　　　　　　　■ 1989－1994年に設立
　　　　　　　　　　　　□ 1995年以降に設立

　1998 年 12 月以降の特定非営利活動促進法（以下 NPO 法）の実施は、法人格を取得するきっかけと言われている。従って、法人格の有無と設立時期のクロス分析は、設立時期が阪神淡路大震災のあった前の 1994 年まで、阪神淡路大震災のあった 1995 年から、NPO 法を実施される以前の 1998 年、NPO 法が実施された 1999 年以降の 3 つの時期に分かれている。

　任意団体の設立時期をみると、1994 年までに設立されていたのは 61％となっており、1995 年から 1998 年まで設立されていたのは 35％となっている。一方、1999 年以降に設立されたのは 4％となっている。

　法人化した団体の設立時期に関しては、阪神淡路大震災のあった 1995 年から NPO 法の実施される以前の 1998 年までの設立が 50％となっている。NPO 法の実施された 1999 年以降の設立は 31％となっている（図表 2-12）。

図表 2-12　法人格の有無と設立時期

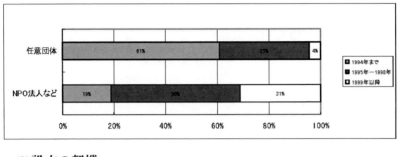

(2)設立の契機

　団体の設立契機については、「社会的ニーズの高まり」、「自分自身が介護を行った経験から必要を感じた」、「NPO 法や介護保険法の成立によって活動機会が増したから」、「その他」に分類し、調査対象に質問した。その結果、「社会的ニーズの高まり」が全体の 38.7％となっている。次いで、「その他」の 37.1％、「自分自身が介護を行った経験から必要を感じた」が 21％となっている。「NPO 法や介護保険法の成立によって活動機会が増したから」という答えはわずか 3.2％となっている（図表 2-13）。

図表 2-13　設立契機 (%)

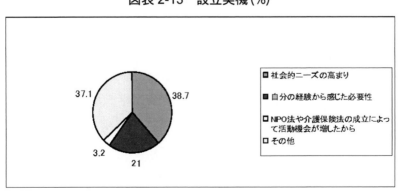

　法人格の有無と設立契機について、任意団体の方は、「その他」の44%が最も多く、次いで「社会的ニーズの高まり」が41%、「自分自身が介護を行った経験から必要を感じた」が13%となっている。法人化した団体は、「自分自身が介護を行った経験から必要を感じた」が最も多く44%、「社会的ニーズの高まり」が31%と続いている。その上位 2 つの項目の合計は、法人化した団体の 7割以上を占めている（図表 2-14）。

図表 2-14　法人格の有無と設立契機

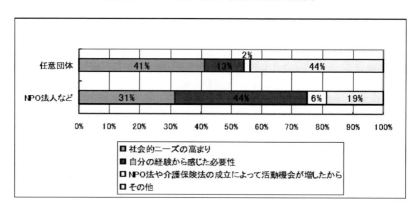

II 活動の概況

(1)サービスの内容

　スタート当時に行っていた活動や現在のサービス内容という質問項目に対して、設立当初に、最も多いのは「その他」のサービスを提供している団体の 30 団体であった。次いで、「配食・給食」サービスの 17 団体、「デイサービス」や「ホームヘルプ」サービスの 14 団体、「生き生きサロン」の 10 団体となっている。2001

年 12 月の時点で、「その他」のサービスを提供している団体は
38 団体になっている。続いて、「配食・給食」サービスの 21 団
体、「デイサービス」の 18 団体、「ホームヘルプ」サービスの
15 団体である。2001 年 12 月現在の全てのサービス提供団体数は、
設立当初より増える傾向にある（図表 2-15）。

図表 2-15　サービス内容

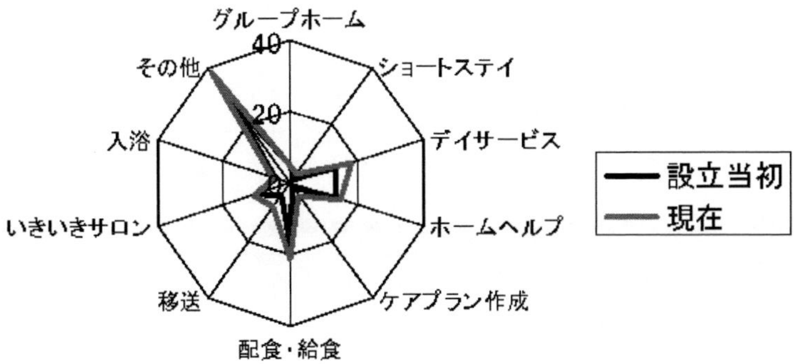

　法人格の有無と現在の主要サービスをみると、任意団体の方は、
「その他」が最も多く 34%、「配食・給食」、「いきいきサロン」
が 16%、11% と続いており、サービス提供の上位 3 位はいずれも
介護保険の枠外サービスである。法人化した団体の方は、「ホー
ムヘルプ」が 40% で一番多く、「デイサービス」や「配食・給食」
は 2 位で、20% となっている。介護保険事業におけるホームヘル
プサービスやデイサービスは法人化した団体の主要サービスであ
ることが分かる（図表 2-16）。

図表 2-16　法人格の有無と現在の主なサービス

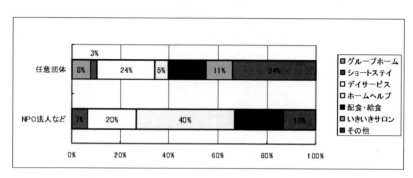

(2)サービス提供範囲

　サービス提供範囲については、「県を越えて」、「宮城県全域」を提供する団体は少なく、最も多い範囲が「市町村区を越えて」や「市町村区」の 31.7%となっている。次いで小学校区の 16.7%、中学校区の 15%となっている（図表 2-17）。

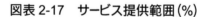

図表 2-17　サービス提供範囲(%)

　法人格の有無からみると、調査対象である法人格を有していない任意団体に最も多い回答が「市町村区」の 34%、次いで、「小学校区」が 23%、「中学校区」20%、「市町村区を越えて」18% の順となっている。「市町村区」、「小学校区」と「中学校区」を含めて、任意団体の 7 割弱になっている。NPO など法人格を有する団体では、「市町村区を越えて」の 69% が一番多く、次いで、「市町村区」の 25% であった。NPO など法人格を有する団体は、任意団体に比べると、より広範囲でサービスを提供している（図表 2-18）。

図表 2-18　法人格の有無とサービス提供範囲

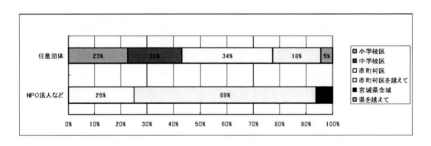

(3)サービス提供頻度

　サービスを提供する頻度（回数）を尋ねたところ、全体的にみて「月に 1 、2 回」が 40.7% と最も多く、次いで、「週に 1 − 4 回」25.4%、「週に 5 − 6 回」20.0% という順になっている（図表 2-19）。

図表 2-19　サービス提供頻度(%)

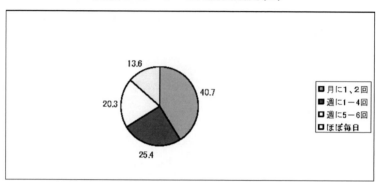

法人格の有無別にみると、任意団体は「月に1、2回」が半数以上で一番多い。法人化した団体の方は、「ほぼ毎日」が44%と最も多く、次いで、「週に5−6回」38%となっている。週に5−6回以上サービスを提供している団体の 8 割が法人化した団体であった。「月に1、2 回」の頻度で活動を行う法人団体はない。従って、法人化した団体は任意団体よりも活発で、日常的で継続的なサービスを提供していることが分かる（図表 2-20）。

図表 2-20　法人格の有無とサービス提供頻度

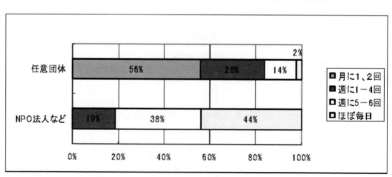

(4)活動の担い手

　活動の担い手の構成について、「無償ボランティア」、「有償ボランティア（経費のみ得ている人々）」、「有償ボランティア（時間対価を得ている人々）」、「介護保険事業で雇用されているスタッフ」、「事務局で雇用されているスタッフ」に分類し、調査対象に尋ねた。それぞれの平均値は 22.07 人、4.78 人、6.25人、2.58 人、0.43 人となっている。法人格の有無と活動の担い手の平均値は図表 2-21 のようになった。平均値を見ると、法人化した団体は、「有償ボランティア（時間対価を得ている人々）」が14.88 人で一番多く、次いで、「有償ボランティア（経費のみ得ている人々）」の 11.31 人、介護保険事業で雇用されているスタッフ」の 9.69 人という順となっている。任意団体のほうは、「無償ボランティア」の 27.98 人で最も多い。ここから、任意団体は無償ボランティアに依存すること、法人化した団体は有償ボランティアに依存する傾向にあることが分かる。

図表 2-21　法人格の有無と活動の担い手（平均値）

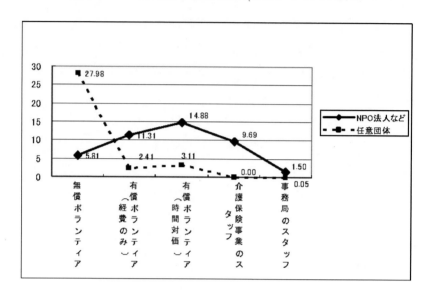

(5)利用者ニーズの把握

　利用者ニーズの把握方法について、最も多い回答が「日常活動
でのコミュニケーション」の 44 団体、次いで、「連絡帳等」21
団体、「その他」が 20 団体となっている。最も少ない回答は「な
し」の 5 団体、次いで、「苦情相談窓口」が 6 団体となっている
（図表 2-22）。

図表 2-22　利用者ニーズの把握仕方（団体数）

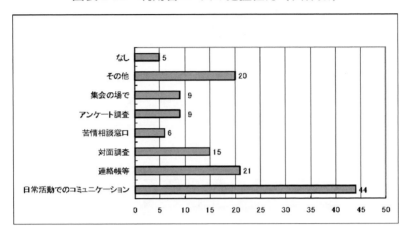

　利用者ニーズを把握するための主要方法について、「日常活動でのコミュニケーション」の 52.4%が一番多く、次いで、「その他」の 23.8%となっている。「アンケート調査」や「連絡帳等」の手法の利用は、最も少なく 2.4%となっている（図表 2-23）。

図表 2-23　利用者ニーズの把握仕方・メイン(%)

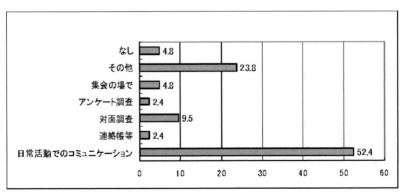

　法人格の有無を問わず、「日常活動でのコミュニケーション」は 5 割強となっている。次いで、任意団体の方は、「その他」の 29％となっており、法人化した団体の方は、「対面調査」の 27％となっている（図表 2-24）。

図表 2-24　法人格の有無と利用者ニーズの把握仕方

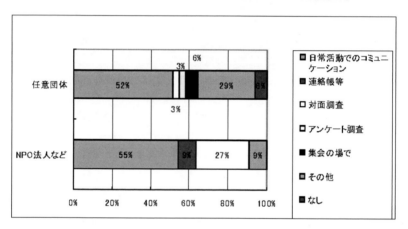

(6)サービス対象

　サービスを提供する対象については、「独居高齢者」、「老夫婦」、「子供夫婦と同居」、「その他」に分類して尋ねた。その結果、最も多い回答が「独居高齢者」の 46.4%、次いで、「その他」19.6%、「老夫婦」17.9%、「子供夫婦と同居」16.1%の順となっている（図表 2-25）。

図表 2-25　サービス対象（%）

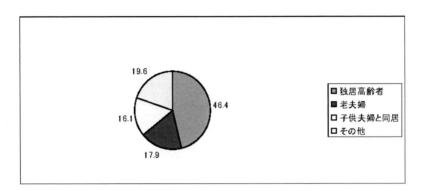

　法人格の有無別にみると、任意団体の方は、「独居高齢者」が半数以上を占め、一番多かった。法人化した団体の方は、最も多いのが「老夫婦」の 38% となっており、次いで、「独居高齢者」や「子供夫婦と同居」の 25% となっている（図表 2-26）。

図表 2-26　法人格の有無とサービス対象者

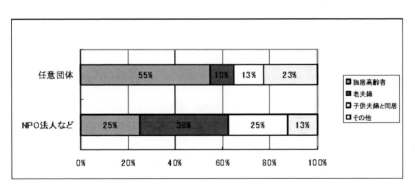

(7)利用者の要介護度

　サービス利用者の要介護度について、最も多いのは、「要介護度 1－2」の 31.5%となっており、次いで、「自立」27.8%、「要支援」24.1%の順となっている。利用者は、「自立」から、「要介護度 1－2」までの軽度利用者に集中している傾向にあることがわかっている（図表 2-27）。

図表 2-27　利用者の要介護度(%)

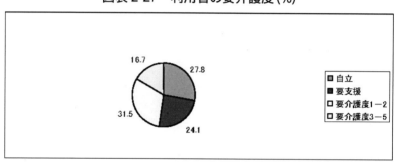

(8)介護保険事業の実施に関する団体への影響

　介護保険制度の実施による NPO などの民間業者の参入によって、質の高いサービスの提供が期待されている。また、財政基盤の弱い NPO は、介護保険事業から得た収入を赤字である本来事業をカバーして、団体の使命を達成していくと思われる。介護保険事業の実施に関する福祉 NPO への実質的な影響としては、「団体の運営が安定した」と答えた団体が 45.5%となっており、次いで、「利用者が介護保険制度を利用することにより、利用者自身の負担が減ったこと」の 18.2%となっている。「助けあい活動の必要

性が改めて会員や市民に認知されたこと」、「新たな地域の課題
が見えてきたこと」、「市民の立場から介護保険制度について行
政に提案できるようになったこと」と「サービス利用者が増えた
こと」と答えた団体はそれぞれ 9.1％となっている（図表 2-28）。

図表 2-28　介護保険事業実施後の影響 (%)

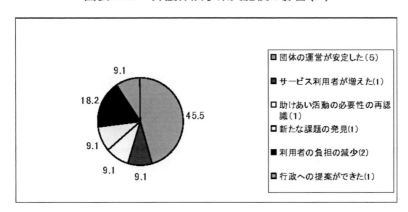

(9)介護保険事業の実施に関する団体の課題

　介護保険事業の実施と共に発生した新たな問題について、「当
初予想したほど介護保険サービスの利用者がいなかったこと」と
「本来の市民活動が疎かになってしまったこと」と答えた団体は
33.3％となって、最も多い。次いで、「団体の運営が厳しくなっ
たこと」16.7％、「その他」が 16.7％となっている。「担い手が足
りないこと」と「助けあい活動の利用者が減ったこと」と答えた
団体は 0 で、本来事業の利用者数の維持や担い手の確保にさほど
困難がないことが分かってきた（図表 2-29）。

図表 2-29　介護保険事業を実施してからの問題点

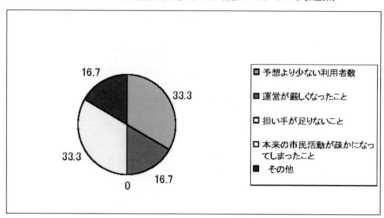

III 研修について

(1)内部研修

　内部研修を行う団体は全体の 87.1%となっており、行わない団体は全体の 12.9%となっている（図表 2-30）。

図表 2-30　内部研修の実施 (%)

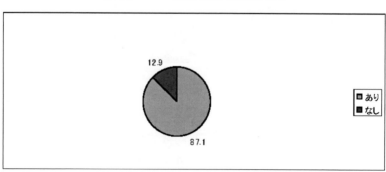

　法人格の有無別の内部研修の実施について、任意団体の方は、
「あり」と答えた団体は 85%であり、「なし」と答えた団体は 15%
である。法人化した団体の方は、94%の団体が内部研修を行って
おり、行わない団体はわずか 6%となっている（図表 2-31）。

図表 2-31　法人格の有無と内部研修の実施

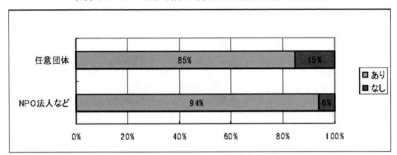

(2)内部研修頻度

　内部研修の実施頻度について、最も多いのは、「月に 1 回以上」
の 46.3%となっており、次いで、「年に数回」の 42.6%となって
いる（図表 2-32）。

図表 2-32　内部研修の頻度 (%)

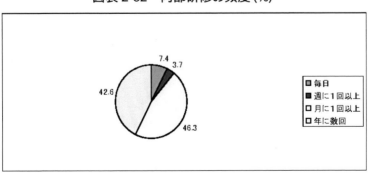

　任意団体の方は、「年に数回」の 54%が最も多く、次いで、「月
に 1 回以上」が 44%となっている。法人化した団体の方は、「月
に 1 回以上」が 53%と最も多く、次いで、「毎日」20%、「週に
1 回以上」13%の順となっている（図表 2-33）。内部研修の実施
頻度について、法人化した団体は任意団体より頻繁に研修を行っ
ていることが分かる。

図表 2-33　法人格の有無と内部研修の頻度

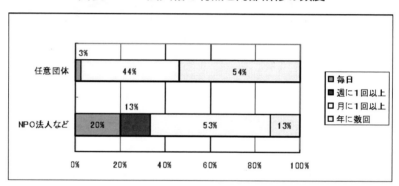

(3)内部研修の目的

　内部研修の目的を「メンバーのふれあい」、「情報の共有化」、
「介護技術等の研修」、「ミッションの共有化」、「その他」に
分けて調査対象に質問した。「メンバーのふれあい」と応えた団
体が 43 団体で最も多く、次いで「情報の共有化」の 36 団体、「介
護技術等の研修」19 団体となっている（図表 2-34）。

図表 2-34　内部研修の目的（団体数）

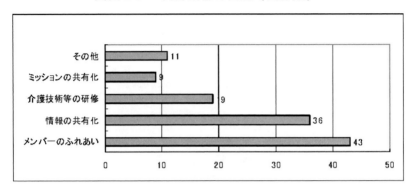

　本人格の有無別に研修の主要目的をみると、任意団体に最も多かったのが「メンバーのふれあい」の 67%、次いで「情報の共有化」が 17%となっている。一方、法人化した団体に最も多いのが「情報の共有化」の 50%であり、次いで「メンバーのふれあい」、「ミッションの共有化」、「その他が同率の 17%である（図表 2-35）。任意団体と NPO 法人などの法人格を有した団体との間で、研修の主な目的の差異があることが分かる。

図表 2-35　法人化の有無と研修の主要目的

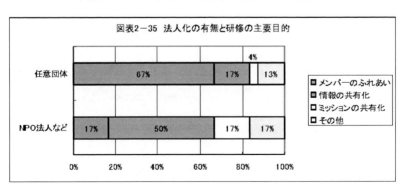

(4)外部研修

外部研修の実施について、「あり」と答えた団体は80.3%となっており、「なし」と答えた団体は19.7%となっている（図表2-36）。

図表 2-36　外部研修の実施(%)

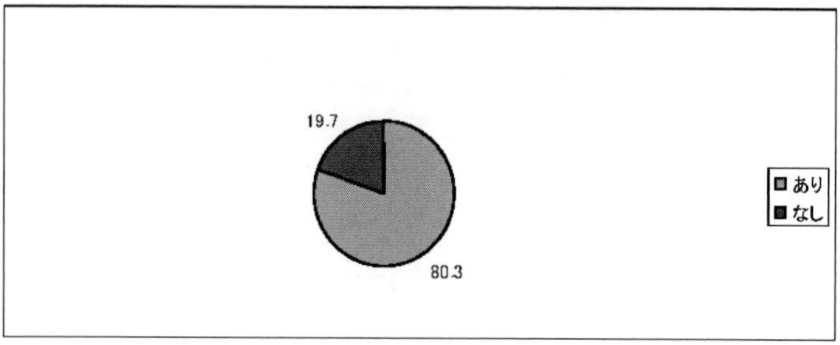

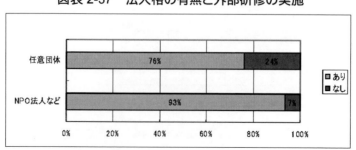

法人格の有無と外部研修の実施をみると、実施している任意団体は76%であり、実施していない任意団体は24%である。法人化した団体における外部研修の実施率は、任意団体より高いことが分かっている。実施している法人は全法人団体の9割強を占めている。実施していない法人はわずか7%となっている。外部研修に関して、法人化した団体が任意団体よりも重視していることが伺える（図表2-37）。

図表 2-37　法人格の有無と外部研修の実施

IV 地域内外の諸団体等とのネットワーク

(1)地域内外団体との連携

　地域内外との連携について、「社会福祉協議会」が４７団体で最も多く、次いで「民生委員」34 団体、「他の NPO 団体や市民活動団体」と「町内会・自治会など」30 団体、「在宅介護支援センター」27 団体となっている（図表 2-38）。

図表 2-38　地域との連携（団体数）

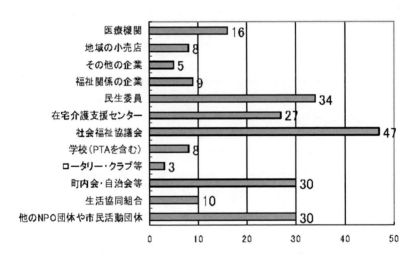

　法人格の有無別に地域との連携をみると、任意団体には、「社会福祉協議会」、「町内会・自治会など」との連携が法人化した団体より圧倒的に多かった。一方、法人化した団体には、「他の NPO 団体や市民活動団体」、「医療機関」、「在宅介護支援センター」、「福祉関係企業」、「その他の企業」、「地域の小売店」との連携が、任意団体より多かった（図表 2-39）。

図表 2-39　地域との連携

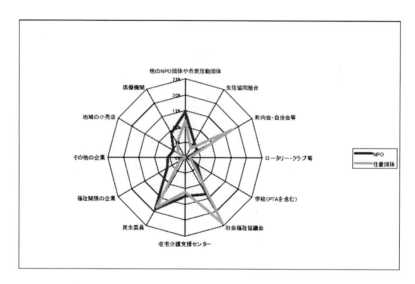

(2)地域団体とのかかわり方

　地域団体との連携に関するかかわり方に関して、「情報交換」、「研修等による人材養成」、「個別ケース支援での連携」、「資金的支援を受けている」、「資金以外の支援を受けている」、「共同で政策立案や政策提言」に分類した。「その他の企業」、「地域の小売店等」、「医療機関」以外の団体との連携に関するかかわり方について、「情報交換」と答えた団体が最も多かった。法人格の有無を問わず最も深く繋がっている社会福祉協議会については、主なかかわり方が「情報交換」（29団体）であり、次いで「研修等による人材養成」（19団体）、「資金的支援を受けている」（18団体）、「資金以外の支援を受けている」（12団体）、「政策提言」（9団体）の順となっている。他の NPO や市民活動

団体との連携について、「情報交換」（29 団体）以外にも、「研
修等による人材養成」（17 団体）というかかわり方もある。福祉
NPO は、「個別ケース支援」のため、在宅介護支援センターや民
生委員と連携している（図表 2-40）。

図表 2-40　地域団体とのかかわり方

かかわり方 連携団体	情報交換	研修等による人材養成	個別ケース支援での連携	資金的支援を受けている	資金以外の支援を受けている	共同で政策立案や政策提言
他の NPO や市民活動団体	29	17	9	4	7	5
生活協同組合	5	2	1	3	2	3
町内会・自治会・婦人会などの地域組織	21	4	4	2	4	3
ロータリー・クラブ、ライオンズ・クラブ	0	1	0	1	1	0
学校（PTA も含む）	8	4	0	1	2	1
社会福祉協議会	29	19	7	18	12	9
在宅介護支援センター	19	1	14	0	2	1
民生委員	21	2	13	2	6	2
福祉関係の企業	6	3	4	2	2	3
その他の企業	2	0	0	3	3	0
地域の小売店等	1	0	0	1	5	0
医療機関（病院や訪問看護ステーションなど）	8	4	12	0	0	1

＊数値は、回答のあった団体数である。

(3)行政とのかかわり方

　行政とのかかわり方について、「研修の受講」が 36 団体で最も

多く、次いで、「情報収集や問い合わせ」34 団体、「資金助成を
うける」が 22 団体となっている。「行政と全くかかわりがない」
と答えた団体は 13 団体となっている（図表 2-41）。

図表 2-41　行政とのかかわり方（団体数）

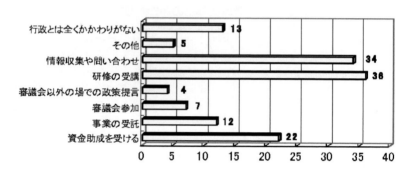

　法人格の有無別に行政とのかかわり方をみると、任意団体の上
位 3 位は、「研修の受講」30%、「情報収集や問い合わせ」24%、
「資金助成を受ける」18% となっている。法人化した団体の場合
は、「情報収集や問い合わせ」の 28% が最も多く、次いで「研修
の受講」21%、「事業の受託」が 16% となっている（図表 2-42）。

図表 2-42　法人格の有無と行政とのかかわり方

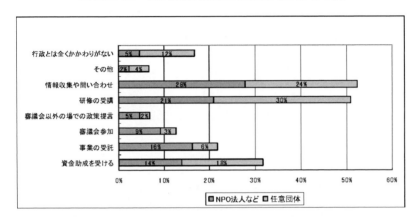

Ｖ　組織運営について

(1)理事会

　団体の理事会があるのは、38.7%となっており、ない団体は54.8%である。これは、今回の調査対象の大半は任意団体であり、理事会の設立は法律で義務化されていないためと推測される（図表 2-43）。

　理事会の人数をみると、最大で99名、最小で3名となっており、平均値は9.35人であった。理事会の開催頻度は、「年に３－５回」が最も多く33.3%、次いで「年に１－２回」29.2%、「年に12回以上」25%が続いている。

図表 2-43　理事会の有無 (%)

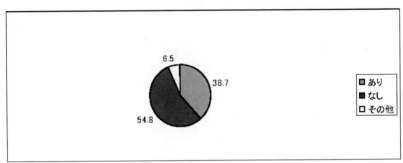

　法人格の有無別にみると、任意団体で理事会がないのは 72%と大半を占め、理事会がある団体は 20%である。一方、法人化した団体で理事会があるのは 94%となっており、理事会がない団体は 6%である（図表 2-44）。

図表 2-44　法人格の有無と理事会

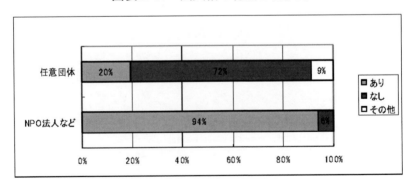

(2)総会

　法人格の有無を問わず、総会のある団体は 69.4%であり、総会のない団体は 30.6%である。法人格の有無別にみると、法人化し

た団体は全て総会を行っている。任意団体の方は、「あり」と答えた団体が 58.7%となっており、「なし」と答えた団体が 41.3%となっている（図表 2-45）。

図表 2-45　法人格の有無と総会

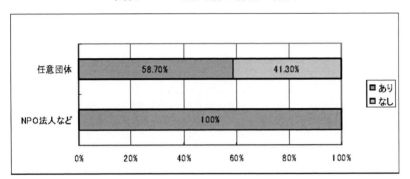

(3)事務局

　事務局の設立について、回答団体に事務局があるのは 55%と半数以上を占め、ない団体は 45%である。

　法人格の有無別にみると、任意団体の方は、事務局があると答えた団体は 42%となっており、事務局がないと答えた団体は 58%となっている。また、事務局の人数をみると、最大 10 名、最小 1 名となっている。法人化した団体の方は、「あり」が最も多く 93%である。事務局の人数は、最大で 15 名、最小で 1 名となっている。全体の平均値は 4.06 人である（図表 2-45）。

図表 2-46　法人格の有無と事務局

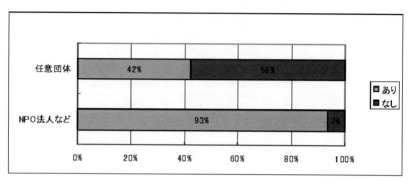

(4)会員制度

　会員制度のある団体は 73.8%であり、有していない団体は 26.2%である（図表 2-47）。そのうち任意団体の方は、会員制度のある団体が 67%となっており、会員制度のない団体は 33%となっている。法人化した団体の方は、会員制度のある団体が 94%で、任意団体に比べると圧倒的に多いということが分かった（図表 2-48）。

図表 2-47　会員制度(%)

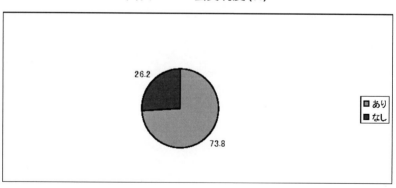

図表 2-48　法人格の有無と会員制度

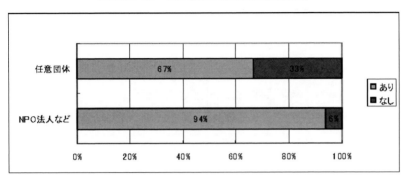

　会員の内訳について、「活動の担い手」、「サービスを受ける
人」、「団体を支援する個人」、「団体を支援する他の団体、企
業など」、「その他」を分類して調査対象に質問した。「活動の
担い手」と答えた団体が 38 団体で最も多く、次いで「団体を支援
する個人」の 21 団体、「サービス利用者」の 8 団体となっている
（図表 2-49）。
　会員の総数をみると、最大で 508 名、最小で 9 名となっており、
平均値は 65.98 人であった。また、会員の内、総会で議決権を持
っている人たちについて、「活動の担い手」の 36 団体が最も多く、
次いで「団体を支援する個人」が 12 団体となっている。

図表 2-49　会員の内訳（団体数）

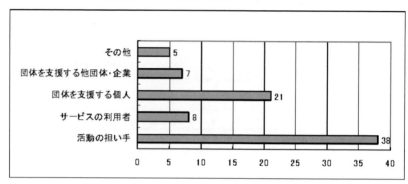

(5)理事会、総会、事務局の役割について

　理事会、総会、事務局の役割については、事業計画の提案・承認・執行、予算の提案・承認・執行、人事の提案・承認・執行、事業評価、業務上の事故の最終責任という項目を設けた。調査結果をみると、総会は事業の提案・承認・執行、予算の提案・承認・執行、人事の承認、事業評価などを行うという回答が多かった。人事の提案、執行、業務上の事故の最終責任は理事会などの役員による議決機関にまかせる団体が多かった。

(6)保険の加入

　活動に際し、保険に加入している団体は 83.9%で最も多く、加入していない団体は 16.1%である（図表 2-50）。

図表 2-50　保険の加入 (%)

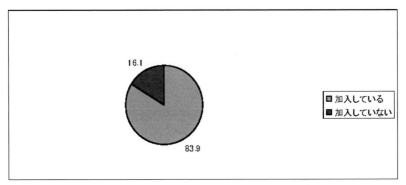

　法人格の有無別にみると、法人化した団体で保険に加入してい
るのが 94%を占め、任意団体の 80%よりも多かった (図表 2-51)。

図表 2-51　法人格の有無と保険加入の有無

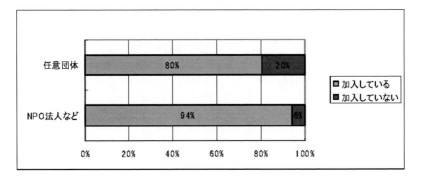

(7)財源構造

　財源構造については、「寄付金」、「会費」、「介護保険事業
収入」、「介護保険以外での事業収入」、「行政からの補助金」、
「民間からの助成金収入」、「その他」に分けられている。それ

らの財源の平均値は図表 2-52 に示されたとおりである。任意団体の方は、「その他」の 88,505 円が最も多く、次いで「民間からの助成金収入」58,327 円、「会費」が 55,237 円である。法人化した団体は、「介護保険の事業収入」の 11,930,007 円が最も多く、次いで「介護保険以外の事業収入」6,303,493 円、「行政からの補助金」2,067,727 円が続いている。任意団体の財源構造はあまり偏っていないが、法人化した団体は、介護保険事業収入が圧倒的に多くて、一つの財源に依存し過ぎる恐れがあると見てよいだろう。

図表 2-52　財源構造（平均値）

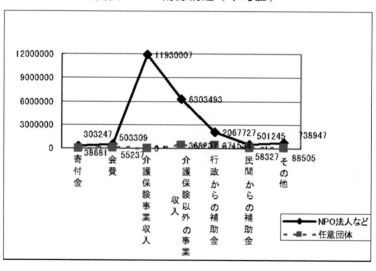

(8)専門資格

　調査対象の中で専門資格を有する人数の平均値は図表 2-53 のとおりである。法人化した団体における 2 級ヘルパーの平均値は、

15.69 人で、任意団体の 0.97 人より圧倒的に多かった。また、1 級
ヘルパー、3 級ヘルパー、看護士、保育士、調理師などの平均値
は 1 人前後の差がある。それ以外の専門資格における平均値の差
はそれほど大きくなかった。

図表 2-53　専門資格を有する人数

	NPO 法人など	任意団体	全体	最大人数	最小人数
3 級ヘルパー	1.19	0.36	0.60	10	0
2 級ヘルパー	15.69	0.97	5.67	132	0
1 級ヘルパー	2.00	0.03	0.60	20	0
介護福祉士	0.50	0.03	0.16	3	0
社会福祉士	0.06	0.00	0.00	1	0
看護士	0.94	0.28	0.47	5	0
保健士	0.19	0.03	0.00	2	0
保育士	0.94	0.08	0.18	3	0
栄養士	0.25	0.08	0.16	2	0
調理師	0.69	0.08	0.25	5	0
作業療法士	0.13	0.03	0.00	1	0
精神保健福祉士	0.00	0.00	0.00	0	0
ケアマネージャー	0.75	0.05	0.25	4	0
医師	0.06	0.03	0.00	1	0

＊最大人数、最小人数以外で表す数字は平均値である。

3.4 調査結果による法人化した団体と任意団体の比較

　上記の調査結果に基づいて、法人化した団体と任意団体の比較
を図表 2-54 にまとめた。

図表 2-54　法人化した団体と任意団体の比較

		法人化した団体	任意団体
団体の概要	1 設立時期	阪神淡路大震災以降設立された団体が最も多い（81%）。そのうち、1995－1998 年までに設立された団体は 50%、NPO 法施行され以降に設立された団体は 31%	・1994 年まで設立されて団体は最も多い（61%） ・1995－1998 年までに設立された団体は 35%
	2 設立契機	・自分自身が介護を行った経験から必要を感じた（44%） ・社会的ニーズの高まり（31%）	・社会的ニーズの高まり（41%） ・自分自身が介護を行った経験から必要を感じた（13%）
活動の概況	1 サービス内容	ホームヘルプサービス中心	独自性のある介護保険枠外サービス
	2 サービス提供範囲	市町村区を越えて	小範囲である小・中学校区、市町村区
	3 サービス提供頻度	週に 5－6 回或いはほぼ毎日	月に 1，2 回或いは週に 1－4 回
	4 活動の担い手	有償ボランティア中心	無償ボランティア中心
	5 利用者ニーズ把握	日常活動でのコミュニケーションから、対面調査	日常活動でのコミュニケーションから
	6 サービス対象	老夫婦（38%）、獨居高齢者（25%）、子供夫婦同居（25%）	獨居高齢者（55%）
	7 利用者の要介護度	軽度利用者集中：要介護度 1－2（31.5%）自立（27.8%）、要支援（24.1%）	
研修	1 内部研修	あり（94%）、なし（6%）	あり（85%）、なし（15%）
	2 内部研修の頻度	月に 1 回以上（53%）、毎日（20%）	年に数回（54%）、月に 1 回以上（44%）

	3 内部研修の目的	情報の共有化（50%）	メンバーのふれあい（67%）
	4 外部研修	あり（93%）、なし（7%）	あり（76%）、なし（24%）
ネットワーク	1 地域との連携	主に他の NPO 団体や市民活動団体	主に社会福祉協議会
	2 関わり方	情報交換、研修等による人材養成	情報交換、研修等により人材養成、資金的支援を受けている
	3 行政との関わり方	情報収集や問い合わせ（28%）、研修の受講（21%）、事業委託（16%）、資金助成（14%）	研修の受講（30%）、情報収集や問い合わせ（20%）、資金助成（18%）、なし（12%）
組織運営	1 理事会	あり（94%）、なし（6%）	あり（20%）、なし（72%）、その他（9%）
	2 総会	あり（100%）	あり（58.7%）、なし（41.3%）
	3 事務局	あり（93%）、なし（7%）	あり（42%）、なし（58%）
	4 会員制度	あり（94%）、なし（6%）	あり（67%）、なし（33%）
	5 部局の役割	総会：事業や予算の提案、承認、執行、人事の承認、事業評価 理事会：人事の提案・執行、業務上の事故の最終責任	
	6 保険の加入	あり（94%）、なし（6%）	あり（80%）、なし（20%）
	7 財源構造	収入の大半は介護保険事業収入である。一つの財源に依存しすぎる恐れがある	民間からの助成金、会費などに依存する。収入源の構成は、偏りがない

		2 級ヘルパーが最も多く、団体平均は 15.69 人である。次いでは 1 級ヘルパーである。他の資格について、看護士、調理師、ケア・マネージャーも有する	2 級ヘルパーの平均値は 0.97 人で最も多く、次いでは 3 級ヘルパーの 0.36 人である
	8 専門資格		

4.調査結果に見る福祉 NPO の特徴

　以上の調査結果に踏まえて、本研究では福祉 NPO の特徴を以下のようにまとめる。

　第 1 に、団体の設立時期について、1995 年阪神淡路大震災以降から NPO 法や介護保険制度の実施までの時期に設立された団体が最も多い。設立契機は、自分自身の介護経験から感じた必要性や社会的ニーズの高まりなどを理由とする。

　第 2 に、福祉系活動団体は、柔軟に活動できるために、NPO 法人・市民活動団体共に会員数が少ない小規模な団体が多い。また、活動地域が一つの市区町村の区域であるなど、地域性が強い傾向にある。

　第 3 に、サービスの内容について、介護系 NPO 法人の場合は、介護保険事業を中心とする傾向にあるが、介護保険枠外サービスも提供している。任意団体の場合は、介護保険事業と関係なく独自のサービスを提供する傾向にある。従って福祉 NPO は、企業・行政がまだ提供できないか、或いは提供したくないサービスを先駆的に提供しているといえるであろう。また、福祉 NPO は介護保険制度の枠に囚われずに自由な発想で活動を行っている。

　第 4 に、福祉 NPO は、より質のよいサービスを提供するために、内部・外部研修を通して、そしてメンバーのふれあいを通じて様々な情報を共有し、技術力を向上させている。また、利用者ニーズの把握について、福祉 NPO は、日常活動でのコミュニケーションや対面調査などの手法を用いて利用者ニーズを発見している。

　第 5 に、NPO 法人は、市民活動団体全般と比べると、サービス提供による事業収入を得ている法人が多く、財政規模のかなり大きい法人も見られる。また、将来的にも、サービス提供による事業収入を財源の中心にしていきたいという意向が強い。NPO 法人格取得を理由として、委託事業を受けやすくなる。福祉系 NPO 法人は、サービス提供を行う事業に大きなウエイトを置いている。

　第 6 に、福祉分野の市民活動全般において、もともと提供しているサービスが公共福祉の代替・補完という性質を有していることなどから、行政との関係性が強い。ただし、以前は活動の財源として行政の補助金・助成金の比率が高かったが、介護保険制度の創設によりサービス提供による事業収入の比率が増加しており、事務局スタッフなど組織体制が整備されつつある状況も伺える。特に福祉系 NPO 法人においてそのような傾向が大きい。

　第 7 に、福祉 NPO は、地域の生活者の視点、または当事者の視点で、利用者の多様なニーズに応じるために様々な独自性あるサービスを提供している。当事者視点とは、サービスの提供者が将来に同様なサービスを利用していきたいという心構えでサービスを提供することであり、地域の生活者視点とは、高齢者達が普通の人々と同様に地域の中で安心・安全・居心地のよい場所で生活を送る権利があるということである。

5.調査結果に見る福祉 NPO の課題

　福祉 NPO は法人化した後、事務処理に追われることが多くなるということをよく耳にする。また、本来活動を継続していくため参入した介護保険事業を続けていくうちに、本来事業より収益事業を重視してしまうという変化も出てきたようである。そうした様々な課題が浮かび上がってきたことによって、組織運営やサービスの提供に困難が生じてきた。ここで取り上げられた 3 つの調査結果やヒアリング調査から得た情報に基づいて、福祉 NPO における課題について、「人事・労務管理」、「資金調達・財政基盤」、「組織体制・機能」、「地域・行政などとの関わり」、「利用者会員への対応」、「活動・事業の方向性」、「その他」に分類し、以下のように簡略化した。

(1)人事・労務管理について

　　①介護保険制度開始後、利用者自身が保険料や一部費用を負担して、消費者意識が高まると同時にサービスの質に対する要求が出てくる。また、本来事業の担い手である有償ボランティア、介護保険事業の担い手であるヘルパーや専従スタッフはそれぞれの動機を持って福祉 NPO の活動に参加している。それらの人々への対応は福祉 NPO にとって重要な課題である。

　　②現在、活動に参加するメンバーはほぼ中高年層の女性であるので、若い人の参加が不足している。また NPO では、賃金が比較的に低い傾向にあるため、人材、とりわけ専門職の募集は困難である。逆に、高い給料を支払い専門

性ある人材を雇用してしまうと、人件費が上がってしま
うので、団体にとっては過度の負担となる。福祉 NPO に
おける賃金体制や労働条件の設定は難しいのである。

③本来事業である助け合い活動におけるサービス提供者
は、資格の有無を問わず、誰でも参加できるが、介護保
険事業の担い手であるヘルパーは一定の資格（1 級或い
は 2 級ヘルパー）を持っていなければならない。

(2)資金調達・財政基盤について

①NPO 本来事業の課税の問題について、税務署と NPO と
の見解が一致していないため、困惑や動揺が生ずる。

②事務所経費及び運営費用を捻出するためには、収益事業
である介護保険事業に専念しなければならず、これがボ
ランティア活動の活性化や継続性に影響を与える。また、
事業収入である一つに財源に依存し過ぎる危惧も出てく
る。

③世間から NPO に対する信用性が得られないので、NPO
に対する融資ができない。

④財政難のため、行政や民間による助成金が減額してしま
い、運営費用が不足している。

(3)組織体制・機能について

①NPO 法人になると、公開しなければならない資料がたく
さんあるので、これらの資料の作成や煩雑な事務処理に
拘束され、本来事業に投入できる時間が削がれてしまう。
従って、事務処理を円滑に進めるためには、事務のコン
ピューター化が必要である。

②助け合い活動であれ、介護保険事業であれ、全てのサー
ビスは高齢者介護に関する対人サービスなので、サービ
スを提供する過程で様々なリスクが発生する可能性が高
い。それゆえに、ハイリスク事業などの危機管理体制が
必要である。

③任意団体としての会計と介護保険事業としての会計など、
会計処理をどうすればいいのかに悩んでいる団体が多く、
決算処理の専門家の協力を必要とする。

(4)地域・行政などとの関わりについて

①社会福祉協議会は地域住民や団体と深い関係性が存在す
るため、福祉 NPO は社会福祉協議会と組んでいないと、
地域住民や団体との繋がりがなかなかできない。地域の
機関や団体とのネットワークと協働体の形成は福祉
NPO の課題である。

②社会や地域の NPO に対する理解が不十分である。

③行政側は、福祉 NPO の活動意義に対する認識や評価が足
りない。

(5)利用者会員への対応について

①利用会員、協力会員や賛助会員の募集と維持が容易ではない。

②PR 効果がない。

③NPO に対して、サービス内容やサービス提供者に関する理解不足のため、サービスに対する異議は、利用者より利用者家族の方が多い。

(6)活動・事業の方向性について

①介護保険事業に参入してから、本来の市民活動が疎かになってしまい、本来事業と介護保険事業のバランスを取ることが課題の一つになる。

②介護保険事業の参入によって収入の増大が見込めるが、利益の非配分という性質ゆえに新規事業の参入を計画する NPO にとっては事業分野の選択が課題になる。

(7)その他

　　同様のアンケートが次から次に来ることに困る。また、視察や相談が多く、日常的な業務に支障が出てくる。

　　具体的な課題は、図表 2-55 に示している。それらの課題に対して取り組むために、福祉 NPO に関するマネジメントの重要性がより一層増してきている。

図表 2-55　介護保険における福祉 NPO の課題

課題	具体的内容
1. 人事・労務管理	・介護保険開始後、利用者の意識の変化、及びボランテイァ、専従者、有償スタッフの三者への対応 ・人手不足、特に資格を持っている専門職、若い人の参加が不足している ・助け合い活動の開かれる性質と介護保険における専門性や質の向上との葛藤 ・専門性を持つ人材を雇用すれば人件費が上がる ・NPO 法人独自の給料体制、労働条件の設定
2. 資金調達・財政基盤	・収益事業に関する税制問題 ・事務経費や運営費を捻出するために、ボランティア活動の活性化や継続性に関する影響 ・信用保証が得られないので融資してもらえない ・助成金減額による運営費不足 ・一つの収入源に依存し過ぎる危惧
3. 組織体制・機能	・事務のコンピューター化 ・ハイリスク事業などの危機管理体制 ・本来事業と介護保険事業の会計処理
4. 地域・行政などとの関わり	・社会福祉協議会が強いため、市町村との取り組みができない ・地域の他機関・他団体とのネットワークと協働体の形成 ・社会的・地域的に NPO に対する理解 ・行政に対し、草の根の活動の意義や評価をもっと強力に訴える
5. 利用者・会員への対応	・会員の募集や維持 ・利用者よりも家族の問題が多い ・PR 効果がない
6. 活動・事業の方向性	・本来事業と介護保険事業のバランス取り ・新規事業の選択
7. その他	・アンケート、視察や相談が多く、業務に支障が出てくる

第 3 章　介護保険における福祉 NPO マネジメントの分析枠組

前章にまとめたように、介護保険における福祉 NPO の団体運営にはさまざまな課題がある。利益を追求していない NPO は、管理不在という問題もあるとよく指摘されている。最近では日本でも、NPO マネジメント論が世間の注目を集めてきており、盛んに議論されるようになってきた。しかし、これらの NPO マネジメント論は、諸外国、とりわけアメリカの論理枠組に沿って論じられており、体系的ではなく部分的な取り組みにとどまっている。

また、それらのマネジメント論が、福祉 NPO に適用できるかどうかについても議論の余地があると思われる。従って、本章では、福祉 NPO の直面する課題を解決するために、福祉 NPO に通用する体系的なマネジメントの分析枠組の確立を試みる。本章は、NPO におけるマネジメントの重要性を論じ、既存の NPO マネジメントに関する研究成果を用いて、福祉 NPO におけるマネジメントの要素を提示する。

第 1 節　福祉 NPO にとってマネジメントの必要性

　NPO は津々浦々で教育、医療、自然保護、人の尊厳や人権の保護などさまざまな活動を行っている。それらの活動を通して、政府の政策方針を左右し、企業における新規市場の開発に影響を与える。経営学の碩学である Drucker（1990）は非営利機関が人間変革のための機関であり、生活の質と、市民としての行動の中枢にあり、まさしく、社会と伝統の価値を担っていると指摘している。さらに、組織管理学者である M.E. Weiner（1990）は、NPO が社会の人々にとって最も質の高い生活を促進すると述べている。NPO の数が、一国の民主化の程度を測る指標の一つである、と台湾の中央研究院の院長である李遠哲は語っている。このように人々は、社会的使命を原動力とする NPO が、社会により深くコミットメントし、より良い生活、社会、環境を作り出すと期待している。

　地域に密着する福祉 NPO は、介護保険のサービス提供はもちろんのこと、助けを必要とする人々へのサービス提供、人間尊厳と相互性の回復、そしてコミュニケーションの活性化を通じて、社会を変える役割を果たそうとしている。多くの福祉 NPO はもともと自発的に活動をしていた市民団体である。大部分の福祉 NPO は営利企業が多用しているマネジメントという言葉に対する抵抗感と反発性を持っている。しかし、マネジメントという概念が営利企業にとって利潤最大化の達成に不可欠なツールであるならば、NPO にとって、社会的使命の達成に重要なツールになりうるとも

考えられる。これは、NPO が社会的使命を達成するうえで、さまざまな資源を統合することが必要になるからである。

　また、介護市場においてはさまざまなサービス提供主体が利用者を巡って競争している。その中で NPO が生き残るためには、経済的競争優位を持っている大手の民間企業と行政から手厚い援助を貰う社会福祉法人との競合が不可避なことだといえよう。それ故に、マネジメントの概念やマネジメントテークの運用は NPO にとっても必要なのである。

第 2 節　マネジメント論

　マネジメントと何かという問題は、未だに経営学を中心に議論されている。P.F.Drucker（1974）は、マネジメントが企業の存続発展に必須の道具と述べる。彼によると、顧客の創造は企業の目的である。そのため企業の基本的な職能は、マーケティングとイノベーションである。これれの職能を遂行し企業を導くのが経営者である。H.Koontz（1964）は、マネジメントは公式的に組織された集団において、人をとおして、また人を使って物事をしてもらう過程を意味するとしている。また、L.C. Megginson 達（1983）は、管理を計画、組織、要員配置、指導、統制の機能を遂行する中で組織目的を決定し、解釈し、そして達成するために人々に仕事をさせること、と定義している。F.E.Kast と J.E. Rosenzweig（1979）は、管理を目的達成に向けた人的資源と物的資源の調整を含んでいると定義している。以上の論理からすると、マネジメ

ントは基本的に組織の存続発展に作用する過程であるといえる。組織はその目的を達成するために形成される。しかし、例えその目的達成のために最適な組織を作っても、その存続は困難であり、組織は無くなる可能性がある。その理由は、組織の環境は絶えず変化しているからである。

　Barnard（1968）によると、組織の永続性は、有効性と能率に依存する。有効性（Effecctiveness）は組織目的の達成に関連し、能率（Efficiency）は個人的動機の満足に関連している。ところが、組織存続の問題は、個人と組織、或いは能率と有効性のバランスの問題にとどまるものではない。組織は多様な人々によって構成されているので、それぞれの欲求や目的、思考や感情、意味や価値は人によって異なる。そこで組織が存続すすためにはこれらの多様な目的や価値などを調整し統合して、組織としての共通の意味や価値あるいは秩序を形成する事が必要になる。価値あるいは秩序の形成は、リーダーシップの質に依存し、その質はそれの基礎にある道徳性の広さから生じる。このようにみてくると、組織存続問題は、(1)組織目的の達成（有効性）、(2)参加者の動機の満足（能率）、(3)道徳性の均衡を如何に図るかというところにある。

　狩俣（2004）は、NPO の特徴は以下のように述べる。

1.組織として達成しようとする社会的使命や目的を持っていることである。
2.組織活動が大部分は支援を中心に展開されることである。
3.参加者のボランティアによって成り立っていることである。
4.組織は柔軟性がある。
5.NPO は、その提供する財やサービスに対して、その見返りとし

て必ずしも金銭的対価を求めないということである。

6.NPO の参加者の関係が対等、信頼関係であり、互恵的関係にあ
　るということである。

7.NPO の発展が自己組織的なリーダーシップに依存することで
　ある。

　以上の NPO における特徴をみると、Barnard の組織存続の 3 要
素である目的の達成（有効性）や参加者の動機の満足、道徳性は
NPO における特徴の一部しかカバーしていない。とりわけ、NPO
にかかわる関係者の対等、信頼や互恵的関係の問題を解明してい
ないので、NPO の特徴を踏みながら NPO なりのマネジメントの
課題が何かを明らかにする必要がある。次節以降は NPO マネジメ
ントに関するそれぞれの文献を論述しながら、NPO とりわけ介
護保険下福祉 NPO におけるマネジメントに不可欠な要素を提
示する。

第 3 節　NPO マネジメントに関する文献レビュー

　日本では、NPO のマネジメント論が次第に盛んになってきたが、
体系的な研究が少ないということだけでなく、アメリカの論理に
沿って展開されているという傾向もみられる。山岡（1999）は、
「アメリカで『ノン・プロフィット・マネジメント』という時に、
一般に病院、美術館、学校などの常勤スタッフは数十人いるよう
な大規模 NPO のマネジメントである」と指摘する。そしてその理
論が、「日本の市民活動団体のマネジメントに、果たして当ては

めることができるのか」という疑問を投げかけている[1]。

　NPO マネジメント論といえば、多くの人が思い浮かべるのは Drucker のマネジメント論であるといっても差し支えないであろう。彼の著書である『非営利組織の経営－原理と実践－』は、社会における非営利組織の存在の重要性を示しながら、組織運営を成功するための幾つかの手法を提示している。日本における NPO マネジメントについての関連図書もいろいろと出版されるようになったが、体系的な分析枠組を開発しているものは非常に少ない。その中でも、本研究で取上げるのは以下の三つの著書である。

　一つ目は、1998 年に出版された『非営利組織の経営－日本のボランティアー』である。本書は、非営利組織のマネジメントを分析するための概念的枠組、視角及び検証すべき仮説を提示している。そして、実証研究に基づき提示した仮説を検証し、新たな仮説を発見している。

　二つ目は、2001 年に出版された『NPO の実践経営学』である。この本は、現場に働く実務家のために、NPO の経営を紹介してから、NPO の組織論、NPO のマーケティングや NPO の組織戦略の 3 つの面から NPO のマネジメントを論じている。

　三つ目は、2004 年に出版された『実践 NPO マネジメント－経営管理のための理念と技法－』という本である。この本は、組織化されていないボランティア団体からビュロクラティックに成長する過程におけるマネジメント理論の構築である。

　一方、海外における NPO マネジメント論については、Osborne

---

[1]　山岡（1999）、p.1

（1997）の『NPO マネジメント－ボランタリー組織のマネジメン
ト－』という本が先行研究として取上げられる。本書は、ボラン
ティア・非営利組織（VNPO）の役割・機能を説明しながら、組
織運営全般の運営戦略・ビジネス計画を立てること、組織間の連
携、サービス評価、VNPO の説明責任などに論及している。

　以下、これらの著書に関する簡単なレビューを行い、福祉 NPO
のマネジメントにおける肝要な論点を整理し、福祉 NPO における
マネジメントの分析枠組を確立するための参考とする。

1.小島（1998）『非営利組織の経営－日本のボランティア－』

　小島（1998）は社会的ニーズの充足や社会参加の実現という概
念から NPO の存在を強調する。彼は、NPO のマネジメントを分
析するために、図表 3-1 に示す概念的枠組を作成した。簡単に説
明すると、NPO が直面する主な環境状況としては、(1)組織間環境、
(2)技術、(3)市場環境である。(1)の組織間環境は、組織運営に関す
る経営資源（ヒト、モノ、カネ、情報、制約、正当性）を提供す
る資金提供者、サービスの受益者、外部利害関係組織などである。
(2)の技術は、道具や機械の利用に関係なく、作業対象を改変する
ためにそれに対して働きかける行為ないしタスクを指している。
(3)の市場環境は、サービスを提供している市場において、受益者
を獲得するために競争もしくは協調している他の NPO、行政、営
利企業を指している。

　NPO は環境状況（組織間環境、技術、市場環境）に適合するた
めに、使命と戦略を選択し、様々な統治（マネジメントを監視、

コントロールする制度・慣行）、組織構造（分業や権限のパター
ン）、組織行動（組織成員の対人的な相互作用）の中からそれぞ
れ一つを選択し展開する。組織成果は使命、戦略、統治、組織構
造、組織行動など 5 つの要因によって異なる。また、その 5 つの
要因は相互依存関係にある。

図表 3-1　非営利組織のマネジメントを分析するための概念的枠組

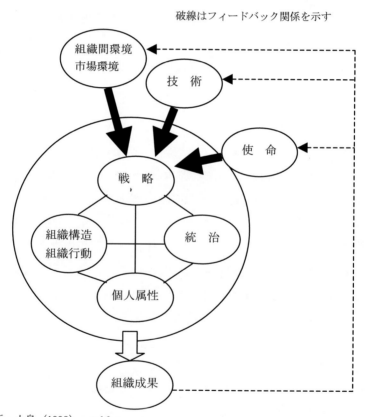

出所：小島（1998）、p.16

　上記の NPO 存在意義や分析枠組は参考になると思うが、ただ、先行研究によれば、NPO の発生論や社会的機能は、社会的ニーズの充足や社会参加の実現という考え方以外にも、さまざまな観点がある。まず、NPO の発生論について、歴史学の観点からみると、Rosebaum は、アメリカにおける非営利組織の発展から 4 つのモデルを帰納している。これは、互助モデル（清教徒時期から 20 世紀の初め）、慈善賛助モデル（20 世紀の初めから 1930 年代）、住民活動モデル（1940 年代から 1960 年代）、競争や市場モデル（1960年代の後期から今まで）である。最後の競争や市場モデルにおいて、非営利組織は、組織や管理の健全性を重視しはじめ、組織の事業化も始まった。次に、多くの学者達は、政治経済学の観点で NPO の発生を解釈している。その観点は、Hansmann（1980）の市場の失敗論（market failure）、Weisbrod（1988）の政府の失敗論（government failure 又は political constraint）と Salamon（1987）の第三者政府論（the third party government）である。経済政治学者は供給と需要の観点から NPO の発生を論じると同時に、社会学者である Milofsky（1979）は、コミュニティ形成の観察によって、NPO の形成の糸口を発見した。彼は、コミュニティ形成過程について、市民参加やボランタリー主義は二つの重要な基盤と言われる。NPO の形成は、コミュニティ形成と同じ路線で進行している。ボランタリー主義の特質である利他性、社会交換、社会化過程や連携を通して、個人のニーズと公益にリンクしながら、さまざまな NPO が出てきた。

　また、分析枠組について、小島（1998）は、「NPO は、これらの環境状況に適合するために、一般的にまず使命と戦略を選択す

る。次にさまざまな統治、組織行動の中からそれぞれ一つを選択し展開する」と述べている[2]。しかし、経営学の中で、経営組織論は内部環境に対する対応であり、経営戦略論は外部環境の変化に対する対応である。経営戦略を選択する以前に、外部環境と内部環境の分析を行わなくてはならない。従って、彼の述べた「環境状況に適合するために、まず使命と戦略を選択し……」という分析方法は、「使命を達成するために、環境状況を理解し、統治、組織構造、組織活動を設定し……」と換言した方が良いのではないだろうか。

2.河口（2001）『NPO の実践経営学』

河口（2001）は NPO の役割、使命とアカウンタビリティを通して、NPO の経営理念について次のようなことを指摘している。組織の目的として社会公共的使命の達成を掲げる。組織成立の原点がボランタリー精神であることを確認する。業務遂行の視点として、地域或いは社会の利益を優先させる。リーダーシップはインテリジェンス、企業家精神、社会的信頼を基本とする。経営理念は、社会的責任、奉仕、慈悲心、独立心に基づく。意思決定はオープンな参加型を目指す。上下階層はフラットなものとする。情報公開は透明度の高さを追求する[3]。

また、NPO の経営課題については、次のような 5 点が指摘されている。

---

[2] 小島（1998）、p.17
[3] 河口（2001）、p.48

　(1)人事管理：NPO で使命感に共鳴し市民としてボランティア精神を基礎として活動している人たちは、企業と異なり、単に算出のための労働という投入要素としては捉えられないというのがここでのキー・イシューである。

　(2)モチベーション管理：金銭的な報酬を与えられない、或いは少ない報酬しか与えない NPO では、団体における個々人の使命感のみが頼りとされている状況だが、NPO としてモチベーションを維持・向上していく方策が求められている。

　(3)業績評価：利益という単一のものさしが存在せず、目的が多数あるという状況で、合理的計画や、それに基づく業績評価が容易でない。また、強力な外部チェックの不在、非営利組織の業績評価の技術的困難性、職員の高いプライド、業績評価への無理解などの要因が、業績評価をより一層難しくしている。解決策としては、トップマネージャーに指導能力を求め、社会監査制度を実施し、職員の理解を得ることである。

　(4)マーケティング：この分野では、消費者すなわち受益者のフィードバックをどのようにして実現し、サービス供給に生かしていくか、という問題と、マーケティングを重視しない組織の中で、いかに有効なメッセージをつくり、資金市場から資金を調達するか、という問題がある。その課題に対する対策とは、リレーションシップ・マーケティング[4]、インタラクティブ・マーケティン

---

[4]　リレーションシップ・マーケティングとは、組織が顧客やその他のステークホルダーとの関係をその組織が利益を満足させるよう確立し、維持発展させることを指す。

グ[5]、ホスピタリティ・マネジメント[6]という３つのアプローチで、建設的・精神的価値を重視し、信頼を基礎に置いたステークホルダーとの関係性の構築、その関係性の強化、従業員や既存の顧客の満足度の向上を図る。

(5)組織全体の経営：NPO の経営の方が営利企業より難しい。それは、営利組織の目的は株主に対する利益の最大化という単一的なものであるのに対して、NPO は売り上げや収入の最大化そのものが目的ではなく、社会的使命の達成が目的であるからである。しかし、その目的を達成するために、NPO は以上の点を含めた総合的経営の難しさに直面する。

河口は、NPO の組織論（コーポレートガバナンス、リーダーシップ、業績評価）、NPO のマーケティング（マーケティングの課題、顧客とのコラボレーション、ファンドレージングなど）、NPO の経営戦略（環境分析、ドメイン分析、対象組織分析）の三つの面から NPO のマネジメントを論じる。しかし、上記の(3)、(4)以外の課題について、彼は具体的な解決案を提起していない。また、(3)と(4)の課題に対する対策は、具体的な方法が示されないので、対策の実施について議論しなければならないところが多少残っていると思われる。

---

[5] インタラクティブ・マーケティングの考えは、顧客は、企業と協力していて新しい価値を創造する共創価値作りのパートナーであると考える。

[6] ホスピタリティ・マネジメントの基本概念は、営利、非営利を問わず、組織目的の達成のため、人間の尊厳を前提とした相互性原理に基づき、組織内外の関係者及び事業対象者と多元的価値の共創を成立させ、その成果としてのウエル・ビーイングを実現しようとする。

3.田尾（2004）『実践 NPO マネジメント－経営管理のための理念と技法－』

　田尾（2004）は、企業は、経済的な合理性（利益第一）を達成する事が主要な目的であるが、NPO は、経済的な合理性というより社会的な合理性（ミッション）を追求していると述べている。ミッション、ドメイン（活動領域）、具体的な目標の設定は、NPO というシステムを稼動させる 3 つのセットというべきである。そして、このミッションが NPO のマネジメントの根幹をなるものなのである。NPO におけるマネジメントの基本は、社会的合理性の重視、経営資源の確保、広報活動、スポンサーの確保、希少資源とニッチ戦略（差別化戦略）である[7]。

　これらのマネジメントの基礎は以下のように簡単に説明する。

　(1)社会的合理性とは、少ないコツでできるだけ多くの便益を得ることでなく、今ある資源を組み合わせて、できるだけ多く、できるだけ良質の成果を得ることであり、長く存続していくことである。

　(2)経営資源の確保とは、ヒト、モノ、カネ、情報という 4 つの経営資源を獲得し、長く支え続けることである。

　(3)組織の存在の意義を世間に知らせるため、あるいは社会的合理性を確保するためにも、広報活動は欠かせない。また、広報によるアカウンタビリティによって、世間の信頼を得ることや資源を確保することもできる。

---

[7] 田尾（2004）、pp.58-62

(4)スポンサーの確保は、有力で安定したドナーやスポンサーを得ることである。ただし、唯一の有力な資源に依存した場合、団体の自立性を損なう恐れがあるので、安定供給とマネジメントの自立性を両立するために、幾つかのスポンサーとの良好な関係を維持する必要がある。

(5)希少資源とニッチ戦略（差別化戦略）は、特異で希少な資源を得ること、そして、その資源を他の NPO とは競うことのないニッチを見つけて、全力で投入することである。NPO、特に福祉 NPO の場合には、サービスの担い手に依存する労働集約型の分野なので、同じドメインで競合すると、マネジメントの工夫よりも、資源の多寡が分岐点になる。競争優位を確保するために、NPO は特殊の資源の獲得や独自性のあるサービスを提供することが好ましい手段といえるだろう。

本書は、人的資源を活かすこと、NPO に求められるリーダーシップ、社会的信用の獲得、行政とのパートナーシップ構築、評価など 5 つの面でマネジメントの手法を論じている。

まず人的資源の活用について、それぞれ独特な考え方や価値観を持って活動に参加する人たちの価値意識を見極めながら支えていき、そして、彼らの持っている能力や資質を活かして適材適用する。また、持続的な参加を維持するために、NPO 側は、モチベーション管理・やる気の喚起、エンパワーメントを行うべきである。さらに、NPO の人的資源を質的に向上させるために、組織の構成メンバーの役割分担を明確にし、その役割を果たせるように教育し訓練しなければならない。

　次に、互いに信用され信頼されるという関係があってこそ成立する NPO は、対等な関係を重要視している。従って、縦割りという上下関係を中心に運営する厳密なシステムよりも、対人的な関係に影響力のあるリーダーを求める。リーダーシップは、従来の民主的・専制的コンセプトの延長で、人間関係に気を配る従業員志向と、目標の達成を重視する生産性志向という二つのタイプがある。前者は、メンバー間の支えあいの促進や好ましい関係性をつくるような相互作用の促進に関心を向けるが、後者は、目標達成や仕事の促進を強調する。望ましいのは、その二重の役割を果たすことができるリーダーシップである。

　NPO におけるリーダーシップに必要な要素としては、①ミッションとビジョンの唱導、②瞬時の動員性、③レトリックの達人、④矛盾の一手引き受け、⑤ユニークネスの創造、⑥ライバルつくり、⑦リスク・デーキングが挙げられる。

　NPO には、二重の顧客があるという。一つは、サービスをうける利用者であり、もう一つは、団体を支持する多様な利害関係者である。それら多様な利害関係者を通じて、団体を運営するためのヒト、モノ、カネ、情報などの経営資源が獲得できる。従って、その二重の顧客の信頼や信用を得ることは、団体の存続ための必須条件である。社会的信用の獲得に関しては、顧客満足の視点が欠かせない。顧客満足については、以下のようなさまざまなレベルにおいて論じられる。それは、①クライエント対応、②意思決定、③参加の促進、④現場重視、⑤スタッフとラインである。①のクライエント対応は、顧客との距離を縮めて、顧客の意向を直ちに捉え、サービスに活かせるように機敏に対応することであ

る。②の意思決定は、トップダウンの方式でなく、情報の共有による個人の意思決定から組織の意思決定に拡大することである。③については、権限の委譲やメンバーの意図関心を積極的に汲み取ることによる参加の促進である。④の現場重視と③は重なっているところがある。現場重視は、ある程度現場に裁量を委ねることが必要となる。また、現場を知ることも含まれている。⑤のスタッフとラインについてだが、スタッフと現場の人たちは、互いに意思疎通を行い、裁量の程度を予めきめて、、現場の判断を優先させるのと同時に、団体からのサポートも重視すべきである。それぞれのレベルを達成するための前提はコミュニケーションである。コミュニケーションのデザインについては、5つのポイントが提示されている。これは、フラット化、管理部門の適正化、カンファレンスのような会合機会、コミュニケーション・チャンネルの多様化、人材の流動をある程度少なくすることである。

　続いて行政とのパートナーシップ構築については、6 つの用件が提示されている。①法システム、②既存のネットワーク、③第三者機関、あるいはブローカー的な人物、④ビジョンの共有、または共有された理解、⑤危機、⑥ビジョン重視のリーダーシップである。

　NPO の評価については、経済性、効果性、有効性という 3 つの視点から評価される。経済性は、財政の健全さが成果指標になる。効果性は、達成程度であり、どの程度目標が達成されたかである。有効性は、インプットとアウトプットの度合いである。評価指標については、現状、存続という成果、将来の可能性という 3 つの

側面で設定される。まず現状に関するものさしは、ミッション、戦略、ボード（理事会）、活動資源、人員配置、活動状況、管理システム、評価システム、組織間関係である。存続に関する評価指標は、設立年次、クライエント数、メンバー数、活動予算、活動分野、地域の評判である。将来の可能性については、プランニングのためのスタッフの有無、社会的責任である。

4.Drucker（1990）『非営利組織の経営－原理と実践－』

　Druckerは周知のとおり、近年NPOの経営に関心を強めている。彼は、NPO の特徴である社会的使命、ボランティアイに対する依存性、コミュニティづくりなどの特性をみて、使命を第一とした、そして成果重視に関してのNPO マネジメント論を提起した。

　Drucker の著書である『非営利組織の経営－原理と実践－』の冒頭は、「非営利機関は、人と社会の変革を目的としている」と書かれている[8]。そのような目的を持っている NPO では、実際どのような使命を果たせるのか、そして使命をどのようにして定めていくかが課題となる。

　次に、NPO の使命や目的を実践化する際に必要なのが、戦略である。彼は、以下の3 つの戦略を提示した。

　第一に、NPO は顧客と自分たちの使命とを一体化させるためのマーケティング戦略が必要になること。第二に、NPO を効果的に運営するためには、改善やイノベーションを常に行っていくための戦略が必要であること。第三に、財政基盤は比較的に脆弱にな

---

[8] Drucker（1990）、邦訳 p.5

るNPOは、寄付をしてくれる支持者を開拓するために、寄付者の基盤を構築するための戦略が必要であること。

　続いて成果をあげるマネジメントについては、成果をどう定義するか、どう評価するかという2つの問題が提起された。NPOの成果の多くは形のないものなので、測りがたいところが少なくない。しかし、支持者の支援を得て目的や使命を果たすNPOにとって、成果をあげることは支持者に対する責任ともいえる。そのような場合で、Druckerは「少しずつでもよくなっているか、向上しつつあるか」、「成果の上がるところに資源を投入しているか」と問うことのできるような形で、成果を定義すべきと述べている。その成果の定義を明らかにして、目標や達成計画を具体的に設定ことができる。その目標の達成についての計画に基づいて評価ができる。

　以上、戦略の側面からNPOのマネジメント手法を説明した。組織内のマネジメントについて、Druckerは人事と人間関係や自己開発の面で論じている。NPOで活動する人たちは、給与や昇進などの動機付けで活動に参加するわけではないので、その人たちのマネジメント、そして人間関係のマネジメントは活動の継続に大きくかかわっている。人事や人間関係に関しては、まず、人がNPOで働く理由を把握して、満足感を与えることである。そして、理事会、職員、ボランティアなどそれぞれの役割分担を明確にする事である。自己開発の基本にして最善の方法は、自分自身を採点する習慣であると Drucker は述べている。これらの人たちのサポート役としての NPO は、このような自己評価手法を導入すれば、個々人を自己開発する役に立つと筆者は考える。

5.Osborne（1997）『NPO マネジメントーボランタリー組織のマネ ジメントー』

　Osborne（1997）は、ボランタリー・非営利組織（VNPO）の役 割について、サービスを提供すること、資金を集めること、法律 の改正を求めること、社会問題への関心を引くこと、消費者の満 足を見守ること、現場で働く他の人々との接触を維持する事にま とめている[9]。

　その役割を果たすために、本書は、経営陣との関係におけるマ ネジメントをはじめ、予算管理、マーケティング、戦略的マネジ メント、業務計画、プロジェクト・マネジメント、変化のマネジ メント、協働のマネジメント、評価、説明責任に至るまでそれぞ れのマネジメント手法を論及している。これらの論点は、前述し た他の NPO マネジメント論と重なっている部分が多少あるので、 ここでは、協働のマネジメント、評価を中心として簡単なレビュ ーを行いたい。

　まず、協働のマネジメントについて、鍵となるテーマが 6 つ提 示されている。

　(1)目的をマネジメントすること：協働に関わる組織は必ず同じ 目的を持って連携するわけではない。目的には、情報交換や財的 資源をプールすることもあるし、組織の機能を補う理由もありう る。それぞれの目的を理解するためには、お互いに理解する場を つくることが重要である。

---

[9]　Osborne（1997）、p.54

(2)妥協すること：この必要性は、組織がそれぞれ異なっていることから生じる。異なった目的と同様に、協働する組織は、それぞれ異なった文化や価値を持っているため、妥協が必要とされる。

(3)コミュニケーション：(1)の目的の理解と(2)の妥協の問題に関連するのは、コミュニケーションの問題である。よい協働実践のために、コミュニケーションのツールである言葉を理解するのは、その前提である。そして、傾聴することは話すことと同様に重要な技術となる。

(4)民主主義と平等：ここでの民主主義と平等は全ての人でなく、協働に関わる参加者に与えるものである。

(5)権力と信頼：組織の規模によって力関係が出てくるのは避けられないことである。しかし、各々の NPO が、対等な協働関係を望むならば、自分達でできることをアピールする必要がある。また、信頼関係の構築は、よい協働にとって不可欠なことである。

評価のマネジメントについては、業績マネジメントとサービス品質マネジメントに分けて論じられている。

業績マネジメントについては、7 つの注意事項が述べられている。

(1)どのような NPO にあっても、業績マネジメントは関係者全てに利益をもたらす一体となった部分である必要がある。

(2)業績指標を設定する必要がある。

(3)業績指標の意味は関係者の間で変わるものと認識されなければならない。

(4)業績マネジメントは、成果の優れた点と積極的な点を強調すると同時に、組織の弱点と不備な点も明らかにしなければならない。

(5)業績マネジメントは、組織の成果、サービス体系の成果及び対象となっているコミュニティの成果に関連する優秀性、統合的に判定しなければならない。

(6)業績マネジメントは時間的、金銭的コストを要する。

(7)業績マネジメントが業績を向上させる組織風土をどの程度支援したか、また組織内の業績改善をどの程度可能にしたかについて、業績マネジメント自体が評価されなければならない。

サービス品質マネジメントシステムの設計ついては、次の 4 つの原則がある。①出発点はサービス利用者でなければならないこと、②明確化されたサービスに基づく品質保証メカニズムを開発すること、③品質コントロールメカニズムの決定、④品質コントロールシステムによって認められたサービスの欠陥を修正し、問題が再発しないように品質保証システムに統合化するための点検メカニズムが必要になることである。

以上、NPO のマネジメントを検討してきたが、上記の特徴からすると、NPO におけるマネジメントの特徴は次のように大別される。すなわち、NPO のマネジメントは、少なくとも、(1)支持基盤の維持、(2)ヒューマン・リソースの管理、(3)評価という要素が構成されている。(1)の支持基盤の維持は、NPO が組織の使命を世間に知らせることを通して、利用者の獲得だけではなく、スポンサーの確保、行政、地域など間接的なサポートをもらうことである。この支持基盤を獲得や維持するためのマーケティング戦略が必要となる。(2)のヒューマン・リソース管理は、NPO の使命や理念に共鳴し活動に参加する人たちに活動を継続するモチベーションを与えることである。(3)の評価は、資金運用の正当性、社会的使命の達成程度などである。

第4節　福祉NPOマネジメントに関する文献レビュー

　上記の先行研究は、NPO の一般論であり、特色ある福祉 NPO のマネジメントに通用するところもあるし、参考になるところもある。しかし、これらの論理は、組織の経営・管理的な発想が重視されており、それに囚われた場合、福祉NPO の強みといわれる柔軟性、創造性、自主自発性が阻害される恐れも出てくる。

　介護保険における福祉NPO の位置づけについて、田中（2003）は以下の4つの役割を提示されている。

　(1)介護系NPO の先駆的な役割：そもそもNPO は、市民の創造性やエネルギーに依拠して、一人ひとりの自発性を大切にして新しい社会的価値をつくるために設立される。そして、NPO は政府や市場に対して影響力をもち、それぞれの特徴を発揮し社会の円滑な運営に寄与すると期待される。

　(2)地域介護ネットワークの軸：介護系 NPO は利用者の立場に立ち、利用者のニーズに応じるために、地域における社会的資源をネットワーク化し、足りないサービスを提供し、それをネットワークに組みいれていくことについてのイニシアティブをとれるはずである。

　(3)制度改革への積極的発言：NPO法であれ、介護保険制度であれ、市民活動の促進や利用者本位の達成についてさまざまな課題が未だに残っている。市民が社会参画によって社会の前進を促すことを実現するために、NPO は市民団体の発展の機軸として積極的な提言をすべきである。

　(4)NPO の人材供給源：NPO は、ミッションを達成するために、同じ志を持っている人たちを集め、ミッションの事業化において多様な人材が要る。人材供給の基盤は現在主婦層が中心となっている。今後、新しく NPO への人材供給源として期待されるのは、定年した高齢者層、学生、企業の人である。こうした余裕があり能力のある人々が NPO の中核人材そして有効な役割を果たすのである。

　では、福祉 NPO は、どのようなマネジメントの手法を用いればそうした役割を果たしえるだろうか。そのマネジメント手法を理解するために、福祉 NPO のマネジメントに関する次の 2 つの文献レビューを行う。

1.橋口、福原、水谷（2003）『福祉 NPO の挑戦—コミュニティケアの経営管理—』

　本書において、マネジメントは「組織の目的達成のために、経営諸資源（人、もの、金、情報など）を最大限に活用し、最大の効果をあげるための考え方・手段・方法」と定義されている。NPO の使命を達成するために、マネジメントは欠かすことができないし、事業が発展するにつれ、組織化されたマネジメント（資金調達のマネジメント、人的マネジメントなど）の重要性が高まる。その使命を成果に結びつけるために、「自分達が特に優れた能力を有する分野だけに集中すること」と「顧客を知ること」を強調する。

　資金マネジメントについて、NPO では、多様な収入源（会費、寄付・募金、事業収入、助成金・補助金など）をバランスよく確保しておくことが活動の幅を広げ、組織を安定させる理想とされており、「会費・寄付金」、「事業収入」、「助成金・補助金」の割合は 3 分の 1 ずつが望ましいと言われる。その割合は事業分野や個々の NPO の活動目的や目指すものによって大きく異なる。

　ボランティアのマネジメントについて、ボランティアとスタッフはそれぞれの動機に基づく活動に参加する。ボランティアは個人的で自発的な活動なので、組織の規律に相容れない性質を持っており、スタッフとの摩擦が生じやすくなる。ボランティアに効率的な活動を期待するために、著者は以下の 5 つのことを提示した。

　(1)目的の再確認：ボランティアは何のために活動しているのか継続的に確認する。

　(2)業務日誌をつける：それによって、ボランティアは自分の仕事を客観的に見ることができる。

　(3)利用者や受益者による評価：評価を共有化し、反映できる姿勢や体制をつくる。

　(4)ボランティアのグループ化・チーム化：チームのメンバーが相互に励まし合い、多くの人がチームリーダーを経験できる環境を整える。

　(5)業務内容のチェックリスト化：ボランティア自身がチェックリストの作成や改訂をして、担当した業務が完結したことを確認できるようにする。

　ボランティアの参加を維持するために、NPO側は次のような働きかけをすべきである。

　(1)現状を把握するために、メンバーにアンケートを取る。

　(2)ボランティア関連の問題について、議論する時間を設ける。

　(3)ボランティアを組織的に育成する。組織に関する情報を提供し、研修を実施し、運営へのさらなる参加を求める。

　(4)ボランティアの成果に感謝を示す。組織が得た成果を、可能の限り個別・具体的に明示し、公開の場で感謝の意を伝える。

2.藤井（2000）「NPOマネジメント論の流れとその課題」

　藤井（2000）は、Druckerの使命の重視や受益者を顧客と捉える視点から、NPOマネジメントにおける4つの課題を提起した。それは、①小規模の草の根団体やアドボカシー、②専従スタッフとボランティアの協働を生み出すボランティア・マネジメント、③事業評価を行う際の質的要素、④共同生産者としての市民＝顧客である[10]。

　また、福祉NPO固有の社会的機能である①市民参加の促進によるコミュニティの形成、②市民生活上のニーズに密着したイノベーション、③アドボカシー、④信頼関係構築を可能にするためのNPOの経営課題について、藤井（2002）は利用者ニーズへの対応や地域福祉を実現するための地域連携と人的資源のマネジメントを提示した[11]。

---

[10] 藤井（2000）、pp.214-218
[11] 藤井（2002）、pp.59-89

　利用者ニーズへの対応を論じる前に、利用者ニーズの掘り出しが重要となる。多くの福祉 NPO は、日常的なコミュニケーションを通して利用者ニーズを把握する。それに加えて、対面調査、連絡帳、集会の場などの方法も使われる。介護サービスは、高齢者対する身体のケアだけでなく、心のケアも気配らなければならない。そのケアの質を高めるためにいかなる工夫をしていくかが、NPO にとって重要な課題となる。その課題に対する解決策として挙げられるのが、ケア者同士のミーティングや内部・外部研修である。地域連携について福祉 NPO は、他の NPO や市民団体と社会福祉協議会などの団体との連携は頻繁に行われるものの、自治会、町内会、医療機関などの連携は強いとはいい難い。地域福祉を実現するために、福祉 NPO は異質な地域団体とのネットワークの構築に積極的に携わることが必要となる。

　人的資源のマネジメントについて、有償・無償ボランティアに依存する福祉 NPO は、そのボランティアたちとスタッフとの間でそれぞれの役割を確認し、よい協働ができるための環境作りを行う必要がある。

　以上の先行研究から、福祉 NPO のマネジメントを分析する枠組を確立する際に役に立つ、いくつかの視点を得ることができるが、ケアや介護に関わる福祉 NPO の信頼のマネジメントについては十分に分析していないのである。しかし、福祉 NPO では、最も重要な信頼の構築をしなければならないのである。本研究は、この視点も含めて、次のような観点で福祉 NPO におけるマネジメントの特徴について検討したものである。

　(1)福祉 NPO は、地域福祉の概念を実現するために、利用者の
ニーズの発見、ニーズに応じるさまざま資源（ヒト、モノ、カネ、
情報など）の獲得、地域の団体とのネットワークの構築など積極
的に行わなければならない。それらの前提となるのは、多様な利
害関係者との信頼関係の構築である。特に、介護やケアに関わる組
織、サービス提供者や利用者の間の信頼性は最も重要である。

　(2)有償・無償ボランティアに依存する福祉 NPO は、より質の
よいサービスを提供するため、また、それらのボランティアたち
と組織のスタッフ間の関係を良好にしていくための人的資源マネ
ジメントに取り組まなければならない。

　(3)介護保険事業の参入はボランティア活動の活性化や継続性
に対するさまざまな影響があり、社会的使命が後退する恐れもあ
るので、事業拡大や多角化する際には、団体の使命を再認識し維
持することが不可欠となる。

　(4)福祉 NPO の活動は、資源によるさまざまな制約があり、そ
れらの制約に対処するための資源調達をいかにして行うかは福祉
NPO の重要な課題である。

第 5 節　介護保険における福祉 NPO マネジメント
　　　　の分析枠組

　福祉 NPO は、多様な利害関係者とうまく関わることができれば、
それら利害関係者による支持や支援によって団体の存続や発展が
できるとされている。介護保険における福祉 NPO には地域福祉の

実現、利用者本位の実現、独自性のあるよりよいサービスを提供できることなどさまざまな期待がよせられている。介護保険事業の参入は NPO に対して、収入の増大、雇用関係の形成、収益事業の重視などの変化を及ぼすとされている。その変化と共に、人事・労務管理、運営資金・財務管理、組織体制・事務局機能、地域・行政との関係、利用者・会員への対応、活動・事業の方向性などの課題が出てきた。

　こうした課題にいかなる対応をするのか、その対応が効果的かどうかについて、体系的な分析を行う必要があるので、本節は、それらの課題に対応するマネジメントの分析枠組を開発しようと試みる。

　福祉 NPO の活動は全てミッションから始まる。Drucker（1993）によればミッションの構築には、機会と能力と信念の 3 つ要素が必要となる。「ミッションのマネジメント」は、団体の活動が地域のニーズに応えられるか、それを実現する能力を有するか、また、ミッションをどのように全体で共有していくかもミッションのマネジメントの一環である。

　「事業多角化マネジメント」の主な目的は、社会的ニーズの発見・対応やリスク分散とされている。

　ミッションの達成は、団体の運営や活動の遂行と密接に関連している。それを適切に行うためには、以下のような 3 つのマネジメントが必要となる。まず、サービスの提供者や利用者を確保し維持するための「信頼のマネジメント」が要求される。次に、いかにして必要な資金源を調達し、運用するかという「資金調達マネジメント」が必要となる。最後に、団体の諸活動を適切に連携

し統合して、使命を達成するための協働システムを構築し機能さ
せる「組織化」が要求される。

　外部環境や団体自身の変化により、社会的ニーズ、組織の資源、
組織の構造、事業管理の間に何らかの軋轢が生じる可能性がある。
それを認識して対応するために適切な改善や修正を行わなければ
ならない。この見直しを「評価マネジメント」と呼ぶ。

　外部管理については、「ネットワークの構築」が取上げられる。
地域福祉を実現するために、福祉 NPO が積極的に地域活動に入り
込んで地域の諸団体と連携しなければならない。福祉 NPO はどの
ようなネットワークが必要か、どのようにネットワークを構築す
るかについては、「ネットワークの構築」で究明されたい。

　図表 3-2 は、福祉 NPO におけるマネジメントの分析枠組を図示
したものである。この枠組は、内部管理における 6 つのマネジメ
ントと外部管理におけるネットワークの構築によって構成される。
以下では、分析枠組の構成要素のそれぞれにおいて、重要と思わ
れる課題を提示する。

図表 3-2 福祉 NPO におけるマネジメントの分析枠組

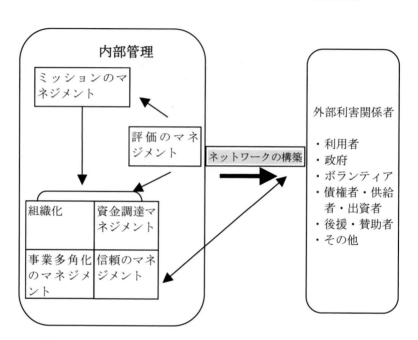

1.内部管理について

1.1 ミッションのマネジメント[12]

　Agelica（2001）は、NPO の中核はミッションであると述べている。ミッションは、ただの声明（statement）或いは象徴（symbol）ではなく、目的の達成に対する明示的、魅力的な手段である。ミ

---

[12] ここのミッションは、「社会的使命」という意味である。本研究は、ミッションと社会的使命と同義なものとして使う。

ッション声明は、組織を定義すること、価値を表すこと、未来像を作ることなどを外部に表している。ミッション声明によって、多様なステークホルダーを引き付けることもできるし、団体に所属する人たちが任務をなし遂げる原動力にもなる。

　Drucker らの学者達の主張である「ミッション第一」、「ミッション重視」[13]などの主張に反対している人はいないであろう。しかし、ミッションそれ自身のマネジメントも必要であると考えられる。介護保険事業者になるきっかけで事業化する福祉 NPO の使命や理念はどのようにキープするのか、あるいはそれぞれの動機を持って福祉 NPO に勤める人たちがいかにして使命を共有化するのかについては、そのミッションマネジメントの課題である。

1.2 事業多角化のマネジメント

　経営学における多角化の定義は、企業の持つ経営資源を新たな市場製品へと展開し、さらには、そのようにして既存の経営資源の拡充、発展をはかることである。伊丹、加護野（1986）は、①成長の経済、②範囲の経済（シナジー効果）、③リスクの分散の理由で事業多角化を説明した。多角化の分野は、①事業の発展性（市場の成長性、技術の発展可能性など）、②事業の競争力（進出先の競合関係、必要とされる経営資源の質量など）、③事業の波及効果（既存の事業に及ばす影響、社員の心理的効果など）を考えた上で決定される。

---

[13] 島田（1999）、p.ⅴ1

　企業と異なる福祉 NPO は、利益や成長などの考えで新しい事業に進出するわけでなく、むしろ社会的ニーズを優先させるはずである。しかし、福祉 NPO は、収益事業である新規事業の参入によって、本来事業である助けあい活動が規模縮小化される危惧があるとよく批判される。また、新規事業の参入の際に地域或いは利用者のニーズを考慮に入れるかどうかについて人々の関心を集めることもある。事業多角化のマネジメントは、多角化する NPO が使命や収益のバランスをどのようにとっているかに焦点を当てる。課題としては、第一に、進出した分野の選択について社会的ニーズに応えるものになっているのか、第二に、多角化が団体における使命の達成の役に立つのかを考えるということが挙げられよう。

1.3 組織化

　組織化は、団体の活動を効果的に行うための組織構造、事業間の協働体制である。組織構造の設計と事業間の協働体制は使命の達成に大いに関連している。おそらく、NPO における管理不在という指摘は不適切な組織構造や協働体制から出てきているのかもしれない。

　組織化の重要な課題は、3つある。第一は、どのような組織構造を設計するのかということである。第二は、設計された組織構造におけるそれぞれの部署の役割分担である。第三は、事業間の協働体制がどのように働くのかである。

1.4 信頼のマネジメント

　対人サービスである在宅介護支援について、支援者や被支援者との間に信頼関係がなければ、サービスできない。その理由は、利用者のニーズ把握を前提として必要な援助内容を決定し、客観性と公平性を保つはずである介護保険システムは、どのようにニーズを引き出すのかができないと、適切なサービスの提供ができない。そのニーズの引き出しのカギは、信頼関係である。サービス提供者と利用者組織と支援者とに間に信頼関係がないと、支援者の維持が難しくなってしまう。特に、労働集約である介護市場は、サービス提供者に依存する程度が大きいという特徴があるので、サービス担い手の空洞化になってしまうと、活動の継続ができなくなり、利用者に害を加える。また、組織と利用者の間に信頼関係が存在しないと、利用者の獲得や維持が困難になる。

　信頼のマネジメントについて、本研究は、信頼やケアの概念を踏まえながら、福祉サービスにおける信頼の意義、信頼のタイプ、福祉サービスに求められるケアの本質などを判明し、福祉 NPO、サービス提供者、サービス利用者との間の信頼構築プロセスを考察した。詳しいことに関しては、第 5 章を参照。

1.5 資金調達マネジメント

　坂本（2004）は、NPO は外部の善意によって活動基盤を構築していると述べている。

　言い換えると、NPO の活動は、個人、企業からの寄付金、行政からの補助金、助成金、委託事業収入などによって支えられてい

る。しかし、NPO 同士の競争、市場における他事業者との競争が激しくなりつつあり、資金面に苦しいとよく耳にする。資金調達マネジメントの課題は、活動を続けられる経済的サポートを確保することである。

1.6 評価のマネジメント

PDCA（Plan, Do, Check, Action）のマネジメント・サイクルの中で、評価（Check）は不可欠である。上の五つのマネジメントはミッションを達成するための基本である。しかし、NPO の活動を評価することは、至難のわざである。田尾（2001）によると、NPOに対する評価は、経済的合理性というよりむしろ社会的合理性であると分かっている[14]。現在、さまざまの制約によって、NPO 自身が評価の能力を備えているといい難い。本研究は評価のマネジメントについて、合理性や効率性を踏まえてどのように NPO の評価体制を構築するのかについて提議したい。

2.ネットワーク構築

外部管理に関しては、福祉 NPO と利害関係者とのネットワーク構築である。説明は以下の通りである。企業に関して、企画やアイデアを実現するためには、自分が所属する職場や部門を超え、多くの人々の支援や協力関係が必要になると大滝（1999）が述べている[15]。NPO が立ち上げる際の最大の障壁は、経営資源の確保

---

[14] 田尾（2001）、p.208
[15] 大滝（1999）、p.143

である。NPO にとって、人、モノ、資金、情報が不足しているのが現状である。そのためにも、社会資源を有効に活用していくことが重要であり、不足している部分を補うためにも地域の他機関とのネットワークが必要になってくる。企業と異なる NPO は、図表 5-5 の示したようなさまざまな利害関係者に影響される。地域福祉という概念を実現するためには、それらの利害関係者とのネットワークがどのように構築されるのかについて究明する必要がある。

　第 4 章以下では、提示された分析枠組に基づいて、福祉 NPO マネジメントについての事例研究を行う。まず、第 4 章は、事例の紹介である。第 5 章は、福祉 NPO にとって最も重要な信頼のマネジメントを中心として、福祉サービスに関わる関係者（福祉 NPO、サービス提供者、利用者）との信頼形成プロセスを考察したものである。第 6 章は、信頼マネジメント以外その他のマネジメント要素に関する考察である。

介護保険における福祉 NPO のマネジメントに関する考察

第 4 章　事例研究－NPO 法人「ゆうあんどあい」の概要

　少子・高齢化のいっそうの進展とそれに平行して現れる経済・社会の構造的変動のなかで、社会保障がこれまで以上に増大していくことは避けることができない。日本は、これからの数年間を展望すると、高齢者の数も比率も加速度的に高まる。65 歳以上の老年人口比率は、1995 年時点で総人口に対する割合が 14.5%であったものが、2000 年には総人口に対する割合が 17.4%となり、2010 年には総人口に対する割合が 22.5%、2020 年には総人口に対する割合が 26.0%、2025 年には総人口に対する割合 27.8%というように絶対数および構成率は一貫して高まると推計されている[1]（図表 4-1）。

---

[1]　http://www.mhlw.go.jp/topics/kaigo/kentou/15kourei/3a.html#betsu1 より。

図表 4-1 高齢者人口（65～74 歳、75 歳以上）とその割合

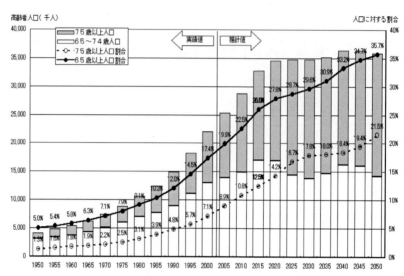

出所：2000 年までは総務庁統計局「国勢調査」、2005 年以降は国立社会保障・人
口問題研究所「日本の将来推計人口」（平成 14 年 1 月推計）

　介護が必要となる高齢者の数が高まる一方、介護者の高齢化も
進んでいくので、老老介護による介護者と要介護者の身体的にも
精神的にも負担に感じられる。また、核家庭の増加で、1 人暮ら
しの高齢者数も増えている。それに加えて、共働きのため仕事を
持っている女性の就労人数も増えているため、家族による高齢者
介護がますます困難になっている。高齢社会における 3 大課題は
年金、保健や介護である。年金や保健の問題はもっぱら財政的な
要因から、現行制度の抜本的な見直しを求められている。介護に
ついては、介護保険制度を 2000 年 4 月から新たに導入された。規
制緩和によって介護市場における多様な提供主体がサービスを提

供しながら競合している。それゆえに、多くの人はサービス質の向上を期待している。

　NPO もその提供主体の一員である。地域に密着する NPO は、介護保険のサービス提供者だけでなく、助けを必要とする人々にサービスを提供し、人間に対する尊厳と相互性、コミュニケーションの活性化によって、社会を変える役割を果たそうとしている。しかしながら、介護保険制度の導入や擬似市場機能をもつ介護市場の出現に伴い、マネジメントの不在や資源（ヒト、モノ、カネ、情報）に乏しい福祉NPO は競争によって規模縮小、或いは駆逐されてしまう恐れがある。また、介護保険事業者になるため、従来の団体における社会的使命や理念から離れ、事業化される可能性もある。

　企業と異なる NPO のミッション性や多元性によって、そしてNPOに関する利害関係者やファクターの多様性や不確実性によって、NPO におけるマネジメントの困難さが高まる。前述した先行研究で取上げられた NPO のマネジメントに関する知見や手法はよい示唆を与えるが、現場でいかにしてそれらが実践されているのかを見なければ、単なる空理空論となる。従って、現場でこれまで取り組まれで築き上げられてきたマネジメントの実態をきちんと見つめることが重要になる。

　本章では、社会的使命や団体の理念を優先し、本来事業である「助け合いサービス」と介護保険事業を両立する NPO 法人「ゆうあんどあい」（以下、「ゆうあんどあい」と略す）という団体を事例として、以下のことを明らかにすることを目的としたい。これは、①組織の沿革、②組織と活動の概要（設立趣旨、サービス

内容、組織構造、財源構造など）③介護保険における団体の役割
である。

第 1 節　沿革

　1992 年に長寿文化社会協会（WAC）が主催したホームヘルパー
2 級課程の養成講座に参加した地域無店舗生協の組合員 30 人の協
力で、「ゆうあんどあい」は 1992 年 10 月に市民互助団体「グル
ープゆ～あんどあい」を母体として、会員制・有償性・登録型[2]で
仙台市全域を対象にホームヘルプサービスである助け合い活動を
展開してきた。設立してから最初の 5 年間、生協が委託費の形で
資金や物理的な援助といったバックアップ体制を敷くことになっ
たことから 7 名のスタッフで運営した。

　サービスの提供体制について、協力会員である有償ボランティ
アはサービスの担い手として、利用会員である利用者にサービス
を提供した。設立当初は、利用会員の募集に苦労したようで、地
元のマスコミに売り込みをして地域アピールをしたが、効果が出
なかった。その後、第 1 号である知的障害者への周到なサービス
提供を通して、口こみで会員の数が増えてきた。

---

[2]　会員制とは、サービス利用者やサービス提供者が利用会員や協力会員とし
　て入会してから、サービスの利用と提供ができる。有償性とは、サービス
　提供者は無料でサービスを提供する出なく、利用者側が一定の対価を払う
　必要ということである。利用会員の費用負担は 1 時間 1000 円である。登
　録型は、サービス提供者が団体に登録の手続を行ってから、活動をし始ま
　ることである。

　1999 年 3 月に介護保険事業実施を前提に NPO 法人格を取得した。2000 年 4 月から介護保険事業中の居宅介護支援サービス（ケアプランを立てること）や居宅サービス（訪問介護サービス）を二本柱として活動をしている。2003 年 4 月から新しい事業－通所介護サービス（デイサービス）とふれあいの日事業が開始された（図表 4-2）。

図表 4-2　「ゆうあんどあい」の沿革

年	1992－1998	1999	2000－2002	2003－現在
組織形態	任意団体	NPO 法人		
サービス内容	助けあいサービス（本来事業） 　（サービス内容は、食事作り、買物、洗濯、掃除、留守番、子守、産前産後の手伝い、老人の簡単な介護、話し相手、通院介助、代筆、朗読、庭の手入れ（除草）、区役所への書類提出、老人・身障者の軽易な世話、車椅子・食事・散歩・入浴の介助、その他である）	助けあいサービス 委託事業（産後ヘルプ） 介護保険事業者： ・指定居宅サービス（訪問介護） ・指定居宅介護支援（ケアプランの作成）		助けあいサービス ふれあいの日事業 委託事業（産後ヘルプ） 介護保険事業者： ・指定居宅サービス（訪問介護） ・指定居宅介護支援（ケアプランの作成） ・通所介護（デイサービス）

出所：ヒアリング調査記録から筆者が作成

第 2 節　組織と活動の概要

1.設立趣旨

　「困った時はお互い様」、「いつでも・どこでも・だれでも利用できるサービス」を設立趣旨として地域に根ざした福祉活動を広げ、在宅で安心して暮らせるネットワーク作りを目的としている。支えあいという理念のもと、助けあいサービスに関る協力会員と雇用関係を結ぶ介護保険ヘルパーを明確に分けて活動を行っている。

　団体のミッションとしては、「安心と安全の提供」、「説明能力の保持」を掲げている。これは利用者も協力者も共有共感するためのものである。それを達成するために、利用者の視点、地域で生活をしている人の視点に立ったサービスを提供することが大切である。

　団体名である「ゆうあんどあい」は、英語の "You and I" から音訳された名前である。活動の目的は、団体名のとおりで、地域住民の相互扶助により地域ニーズに応え、地域福祉を実現することである。

2.サービスの内容と位置づけ

　まず、助けあいサービスについて、「ゆうあんどあい」は、相互支援を基調として地域で自分たちで担えるところは自分たちで担おうという意識で助けあい活動を立ち上げた。介護保険事業者

になっても、助けあい活動は団体の「根幹部分」（いわゆる「本来事業」）という位置づけになっている。また、在宅で暮らせるという理念に基づく介護保険制度で賄うところが少なくない。介護保険では足りない部分や対応できないところをできる限り助けあい活動で補完する形をとっている。さらに、助けあい活動は介護保険に関する情報を利用者に提供することもできるし、第三者の立場で、利用者側から介護保険制度に対する不平や不満などを行政に反映することもできる。制度に縛られない助けあい活動は、自立性や柔軟性を持ちながら、NPOの社会的機能である開拓やイノベーションという役割を果たしている。

　介護保険事業である訪問介護やケアプラン作成における参入のきっかけについて、大きく分けて二つの理由がある。一つは赤字である本来事業の助けあい活動を継続するために、介護保険から得た収益をその本来の自主的事業に投入していくことができること。もう一つは、助けあいサービスの利用者が介護保険の給付対象者になってから、制度の施行に際してこれらの利用者の要望に応じて介護保険事業者になったことが挙がられる。また、介護保険事業の報酬によって、寄付金・助成金などの資金源への依存性が下がって、財政的構造から見ると、団体の経済的自立性が高くなる。

　ふれあいの日事業や介護保険事業のデイサービスの進出理由は、三つある。①地域ニーズ：進出する前の市場調査により、地域的に宮城野区にはNPOの数が少なかったということが分かった。そのうえ、原町にふれあいの日事業やデイサービスがなかった。地域の高齢者達のニーズがあったものの、そのニーズに対応できな

いので、原町に進出した。②利用者の要望：利用者から「デイサービスがあったらいい、「ゆうあんどあい」のデイサービスなら行きたい」という声が出てきて、利用者の要望に応じてデイサービスを提供している。③今までの経験をいかして、新しいサービス提供に自信がある。

　ふれあいの日事業は、介護保険制度枠外のサービスである。利用料の全ては利用者が負担する。その事業の目的は、地域の人々に利用してもらうこと、地域の中で人々が集まれるような場を提供していくこと、障害、年齢、性別を問わず誰にでも利用出来る場を提供することなどである。ふれあいの日事業は、在宅サービスの助けあいと同じ考え方で位置づけられている。

　デイサービスの位置づけについては、上記のふれあいの日事業のような高齢者達と地域住民同士がふれあう場の提供以外にも次の二点がある。介護保険事業の拡大と拠点を作ることである。前者の事業の拡大は、収益力を維持するための事業多角化と見られる。だが、デイサービス事業を立ち上げる際、比較的経済基盤の弱い「ゆうあんどあい」は借金で事業を開始した。後者の拠点作りに関しては、地域における居場所があれば、地域住民や各団体・機関に発信することができ、地域を巻き込むこともできるし、ネットワークの構築もしやすい。「ゆうあんどあい」におけるそれぞれのサービスの位置づけについては、図表4-3を参照。

図表 4-3　「ゆうあんどあい」におけるサービスの位置づけ

サービス内容	助けあい	訪問介護・ケアプラン作成	デイサービスとふれあいの日事業
位置づけ	・ 支えあいの理念に基づく本来事業 ・ 介護保険制度の補完 ・ 第三者の立場で介護保険についての情報発信や政策提言 ・ 制度に縛られないので、自立性・柔軟性が高い	・ 本来事業を続けるための財源確保（クロスサブシディ理論） ・ 経済的自立の追求	・ デイサービスは介護保険事業の拡大 ・ ふれあいの日事業は助けあいと同じ位置づけ ・ 地域に密着するための拠点 ・ 高齢者の社会参加に対する場の提供

出所：ヒアリング調査記録から筆者が作成。

3.組織構造

　「ゆうあんどあい」の組織構造は、図表 4-4 で示すように、総会、理事会、理事長、事務局の 4 つで構成される。利用者や担い手の生の声を聞くために、助けあい活動における利用会員（サービス利用者）、協力会員（サービス提供者）、賛助会員などの個人や法人は年に 1 回の総会に参加する事ができ、議決権を持っている。2004 年 3 月現在の利用会員数は 193 人、協力会員数は 127 人、賛助会員のうち法人が 8 団体、個人が 80 名である。

　理事会は理事と監事によって構成される。理事長は理事会の理事によって選出される。2003 年 9 月現在の理事は 9 名、監事は 2 名である。事務局の構成については、副理事長が兼任する事務局長、常勤・非常勤のスタッフや登録したヘルパーがいる。2003 年

9 月現在、常勤 10 名、非常勤 15 名、登録ヘルパーが 39 名という
体制である。事業の運営については介護保険に参入して以降、本
来事業である助けあい活動と介護保険事業を行うスタッフや担い
手をきっちり分けて独立している。助けあい活動を円滑に行うた
めに、利用会員や協力会員の間に調整役であるコーディネーター
がいる。

　介護保険制度に関る事務局職員は、訪問介護における提供責任
者（4 名）、居宅介護支援におけるケアマネージャー（3 名）、通
所介護（デイサービス）における常勤や非常勤スタッフによって
構成される。

　デイサービスの運営は、「安心する場、ポットする場」を提供
できるように考えて活動している。2004 年 3 月現在の利用者数は、
1 日平均 10.6 名である。運営体制について、施設長 1 名（非常勤、
理事業との兼務）、管理者 1 名（常勤）、生活相談員 2 名（常勤
1 名、非常勤 1 名）、看護師 2 名（常勤 1 名、非常勤 1 名）、介
護員 5 名（常勤 2 名、非常勤 3 名）、調理員 3 名（非常勤）、送
迎員 5 名（運転ボランティア）である。

図 4-4　「ゆうあんどあい」の組織図

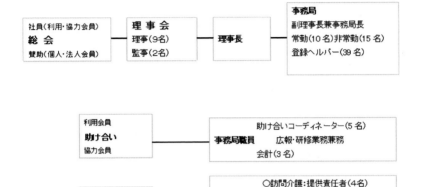

出所：「ゆうあんどあい」のホームページ（http://www10.ocn.ne.jp/~youandi/top.htm）
より、2003 年 9 月時点

4.財源構造

　NPO の資金源は、寄付金、会費、助成・補助金、受託事業収入、
事業収入である。図表 4-5 と図表 4-6 は、2001 年度から 2003 年度
まで「ゆうあんどあい」における収入の内訳と図示である。図表
から、介護保険事業収入は年々増加する傾向があるので介護保険
事業に高度依存していることが分かる。それに次ぐ収入源である
助けあい活動の収入はあまり変化していない。次いで、会費収入、
委託事業収入、助成金、寄付金の順になっている。

図表 4-5 「ゆうあんどあい」における収入内訳 (千円)

	2001 年度	2002 年度	2003 年度
会費収入	1,083	1,975	1,117
助けあい	10,679	10,098	9,900
介護保険	68,450	81,155	106,680
委託事業	739	970	722
寄 付 金	248	405	400
助 成 金	600	750	1,121

図表 4-6 収入の内訳の図示

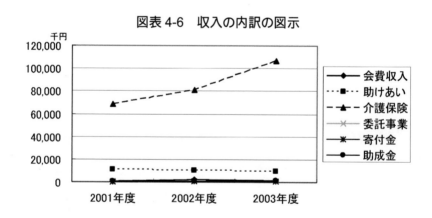

第 3 節 利用者にとって在宅介護の意義

1.利用者の観点から訪問介護サービスの意義

訪問介護サービスとは、ヘルパーが要介護者の自宅を訪問し、入浴・排泄・食事などの介護、洗濯・掃除などの家事、生活に関

する相談・助言などの日常生活に必要な世話を行うものである。
サービスの内容は、身体介護と生活援助に分かれている。身体介
護とは、利用者の体に直接接触して行う介助などと日常生活に必
要な機能向上のための介助・専門的な援助をいう。生活援助とは、
日常生活に支障が生じないように行われる調理・洗濯・掃除など
をいい、要介護者がひとり暮らし、または同居家族が障害・疾病
のため、これらの家事を行うことが困難な場合に限り、そのサー
ビスの提供が行われることになる[3]。

　以上の定義によって、訪問介護サービスの意義は以下の 4 点に
まとめられる。

(1)生活者として住み慣れた家での介護

　誰でも自宅に生活したい。2003 年 10 月 17 日の毎日新聞の「健
康と高齢社会世論調査」により、「元気なうちはどこに住みたい
ですか」という質問に対する答えについて、調査を受けた人の 8
割以上は「自宅」と回答しており、これは根強い在宅願望の表れ
と考えられる。従って、利用者の自宅で訪問介護サービスを行う
のは、その在宅願望を実現する第一歩といえよう。

(2)介護を受ける利用者に安心感を与える

　人間と環境は離されて存在することはありえない。この意味に
おいては、人間と環境は一元的に理解されなければならない[4]。環
境には、さまざまな関係者（家族、友達、知人など）が入り交っ

---

[3]　社会保険研究所（2001）、p.62
[4]　佐藤（1998）、p.95

て相互に作用している。高齢者にとって、その関係者に囲まれた環境の中に生活を送るのは、肉体的、心理的、精神的、社会的な実在を感じる。そのため、馴染みの環境の中で介護を受けることができれば、ホッとする安心感をもたらすであろうと考える。

(3)同居する家族負担の軽減

家族体制の変化や少子高齢化のため、「老老介護」、「要要介護」[5]、「家族崩壊」、「介護離職」などの問題が出てきた。介護保険における訪問介護サービスの導入によって、家族介護者に自由な時間を提供することができ、身体面と精神面の負担が軽減される。

(4)日常生活の援助によって生活の質(QOL)の向上

介護は、看護と異なって、日常生活の支援を行う。そうした支援によって安定した日常生活を維持できることが、介護の目的である。さらに、高齢者に安全性や安心感を与えることを通して、生活の質の向上が期待されている。

2.利用者の観点から見るデイサービスの意義

介護保険の中で訪問系サービス（在宅介護、在宅看護）と通所介護サービス（以下はデイサービスと言いかえる）は利用ニーズが高いサービスである。社会に参加する人とのコミュニケーションの場としてのデイサービスは、一対一の訪問系サービスでは味

---

[5]　「要要介護」は要介護者が要介護者を世話する意味である。

わえない機能を持っている。しかし、利用者にとって、個人から集団生活に入って、生活習慣、個人の価値観や考え方などに左右されるため、決してデイサービスが訪問系サービスより良いとは言い切れない。デイサービスが介護保険サービスの中での位置づけについて、利用者にとってどんな意義を持っているかということについて、今までのボランティア体験を参考に以下の 3 つの事例を通して考察して行きたい。

A.事例

事例 1：A さん、70 代、介護度：要支援

ボランティア体験から知り合ってきた A さんは、70 代でユーモアのある明るいおばあさんである。身体も丈夫であるので、スタッフからの介助を全く要らない。その代わりに、他の利用者さんに気を配って世話をしていることがある。週に 3 回くらい原町の長屋に来て、食事や入浴サービスなどを楽しんでいる。

話し合った時、いつも「誰々さんは落ち着いている方ですよ、何々さんは習字が上手いですよ」などなど褒め言葉だけを A さんの口から聞いた。デイサービスの方は、毎日色々なレクリエーションを行う。A さんはそれらの活動全てを気に入ったわけではないけれども、それぞれの利用者を観察する事によって、新しい楽しみを見つけていた。

デイサービス原町の近所に住んでいる A さんは、送迎サービスも利用している。来る時いつも最初に乗って、帰る時いつも最後に降りるので、他の利用者のお宅の場所をほぼ覚えている。A さんは喜ぶ顔で私に「皆の住むところを知っていますよ」と言った時

は、まるで学級委員になったようであった。その喜びに触れ、自分も無意識に嬉しくなった。

　ある日、A さんは私にあるメモ用紙を渡した。「私宛のラブレターですか？」と私は言いながら、そのメモ用紙を開いて見た。その中で「会う人がある、話す人がある、やることがある　－　大切」と書かれていた。そのメモは、デイサービスが利用者にとってどのような意義かがあることについて自ら判明するのではないだろう。

　事例 2：B さん　80 代　要介護度：4 度
　酸素吸入器とチューブにつながれた B さんは、車椅子に乗る 80 代の女性の利用者である。平均要介護度 1.5 くらいのこのデイサービスセンターにとって、B さんは重度の利用者ともいえる。トイレに行く事、歩く事などに人の介助が要る。食事する時、所要時間は他の利用者に比べると倍以上かかる。その様子を見ていた私は、看護師に「刻みご飯を用意した方がいいではないでしょうか」と聞いた。看護師は「歯はまだ丈夫なので、いくら時間がかかっても、残存機能を生かして自力でやらせてください」と返事した。基礎研修の時、講師の「何でも遣ってくれるのは、決していいサービスとはいえません」という話しが心の中に浮かんだ。確かに刻みご飯を用意したら、B さんは楽に食事をとれるかもしれないが、歯の機能を使わないと、次第に退化してしまうので、結局は B さんにとってよくない事になってしまう。介護する側の判断が利用者の健康にとって如何に重要になるかがこの事例を通して良く分かった。

　B さんは週に一回でデイサービスを利用していた。朝 9 時半頃、センターに来てから、B さんはいつも車椅子に座り込んでいた。スタッフやボランティアたちが B さんにソファの方に座ってもらいたいと誘っても、B さんの返事はいつも「いいえ、いいです」と言った。あるスタッフさんは、「ずっと車椅子に座り込むなら、おしりが痛くなりますよ」と B さんに説得し、B さんはやっとソファの方に移動した。利用者に子供扱いではなく、利用者本人の立場や視点で物事を考えて利用者と付き合う事は、介護の仕事にとって非常に大事なポイントだと思う。

　B さんに会った日のレクリエーションは、普通の人の目から見ると簡単なごみ入れの折り紙だった。何回も繰り返して作って、B さんはわからない所がわからないままになった。ボランティアの私にとって、単調なことだったが、B さんは興味津々で「もう一枚をやりたいですが、いいですか？」と要求した。利用者に楽しい時間を過ごしてもらいたいので、繰り返してやった。

　午後 3 時くらい、B さんは不安な気持ちが出てきて、送迎の車がセンターに回ってくれないと帰られないことを心配していた。スタッフによれば、この不安な状態はいつも食事が終わってから午後にあるという。B さんは「車は回ってきますか」と聞いたとき、周りのスタッフは必ず誰かが「来ますよ、心配しないで下さい、4 時くらい必ず来ます」と返事して、B さんの不安を解消する。初めて見知らぬ所に来て、利用者の方は不慣れなところが多かれ少なかれあると思うので、利用者に安心感を与えるために、スタッフの即時的かつ有効的な対応が必要であると思われる。

事例3：Cさん　50代　要介護度：1度

　50代のCさんの外見だけを見ると皆彼が何も異常がなくて健康人と思うことに違いない。　始めてお会いした時、私はCさんがスタッフと思い込んだ。利用者たちと近くの公園に散歩した時、Cさんは、車椅子に乗る利用者を押して、一緒に出かけた。あの時、私は彼に対してピンと来ないことが一つあった。それは、どうしていつもあの皮のカバンを手から離さないかという事だった。

　Cさんはクモマッカという病気で要介護1度と認定された。とっても丈夫で元気な方であるけど、物事がややこしくなると、本人自身は混乱してしまう。Cさん自身は仕事をする意欲が大変高いので、デイサービスの方はCさんの意思を尊重していて、あまり負担がかからない仕事を彼に回した。例えば、出かける時の見守り役、簡単な事務処理などだった。

　Cさんは、デイサービスセンターに行く日は仕事の日だと思って、いつもカバンを持って仕事感覚でデイの方に来ている。仕事や活動の内容を自分の手帳に記入して、職場にいるようなことをして、元気になってきた。

B.考察

　本来、介護保険制度は以下の目標で設立されている。それは：(1)高齢者介護に対する社会的支援、(2)高齢者自身による選択、(3)在宅介護の重視、(4)予防、リハビリテーションの充実、(5)総合的、一般的、効率的サービスの提供、(6)市民の幅広い参加と民間活力の活用、(7)社会連帯による支えあい、(8)安定的かつ効率的な事業運営と地域性である。

　民間企業、社会福祉協議会、NPO などの事業者の参入は、市民
参加や民間活力の活用のよい例である。また、在宅サービスの提
供は、在宅介護の目標を少しずつ達成していく。しかし、在宅サ
ービスの中でも訪問系サービスは、外出機会を奪われることや外
に出て人とのふれあい機会がないことなどよく指摘されている。
その上、訪問介護（ホームヘルプ）は単に家事の代行として、高
齢者の残存機能を活かせず、その機能が衰退する恐れを加速する
という指摘もある。

　2000 年 4 月 1 日の介護保険の実施日の前日に、当時の厚生省は
「指定居宅サービスなどの事業の人員、設備及び運営に関する基
準」を告示した。その告示により、通所介護（デイサービス）は
「必要な日常生活上の世話及び機能訓練を行う事により、利用者
の社会的孤立感の解消及び心身の機能の維持並びに利用者の家族
の身体的及び精神的負担の軽減を図るもの」と規定している。従
って、デイサービスの提供は、訪問系サービスの問題点を解決し、
不足点を補完できると言える。

　デイサービスを利用している方々にとってのデイサービスの機
能は、以下のようにまとめられよう。

(1)社会参加、世代交流などの場

　事例 1 の A さんを見ると、デイサービスで利用者、スタッフま
たはボランティアが集まっているため、ここに来れば会う人もい
るし、話す人もいると感じる。そして、様々なプログラムやレク
リエーションを用意しているため、デイサービスでやることもあ
る。阪神淡路大震災以降、一人で仮設住宅に住んでいる高齢者た

ちの間で、「孤独死」という問題が続出している。人間が人間として生きるためにはなんらかの人的交流がなくてはならないとよく言われているが、生命力を衰退させないようにするためには、孤立の状態ではなく、A さんがおっしゃるように、人と会うこと、話すこと、何かをやることが不可欠である。ここから、自宅でない在宅のデイサービスには「支えあい」と「助け合い」の場として、新しい友達もでき、話し相手もでき、他者と交流する意欲が湧いてくるという意義があると思われる。

(2)自立支援の場

「自立」という概念は、統一された定義がない。平塚（1998）によれば、自立は身辺自立、社会的自立、精神的自立を指しているという[6]。自立によって、利用者は選択・自己決定の可能性を増し、所属・自尊、自己実現への道を拓くことができる。高齢者の場合、老化とともに身体能力が次第に退化してしまう。高齢者介護サービスの「自立支援」という事は、身体的自立というより、むしろ精神的自立や社会的自立の方を注目すべきと思う。事例3の C さんは、デイサービスを利用しながら、デイの支援及び自助努力を通じて仕事を得る機会を有している。これは「自立」と言うことの好例だと思われる。

(3)尊厳を保つ場

誰しも介護を受けて暮らしたくはないと思う根底には、自分らしさを失い、自尊心を傷つけられる暮らしは嫌だという強い思い

---

[6] 平塚（1998）、pp.128-129

があるのではないだろうか。自尊心を守る際には、まず、「バカにしない、恥ずかしい思いをした事を感じさせない、ことも扱いしない」という事が、原則となる。利用者を呼びかけえる時、必ず○○さんという名前を呼んだ。また、食事の下準備について、たとえ時間がかかっても、もやしのヒゲ取りなどのような難しくなさそうな事を利用者に頼んでやってもらった。利用者側も嬉しく受け取った。終わったら、スタッフは必ず感謝の気持ちを込めて有難うというお礼を利用者に言った。

　このような簡単な作業はリハビリ（指先の訓練）にもなり、集中しているのでその間、介護する側は手を離せない。人に役に立っている感覚は、利用者が自尊心を保つうえで非常に効果的である。

(4)介護予防の場

　介護サービスの利用者の多くは、老化や障害により心身機能が低下し、また、慢性疾病を抱えるなど複合的な合併症をもっている場合が多い。どのようにして丈夫な利用者の健康を保持増進して、疾病の予防や心身機能を悪化させないようにするかということが、介護側にとって非常に重要な課題である。

　「ゆうあんどあい」のデイサービスの場合は、2人の看護師が常勤として利用者の健康管理を守っている。朝、利用者が入所した後、消毒のために手をしっかりと洗浄する。その後、体温、血圧をチェックするのが、毎日の日課となる。体温や血圧の変化などは、入浴できるかどうかと緊密に関わっているので、手抜きをしてはいけない。また、5分間くらいの体操をして、頭、手、足

の運動をしながら、デイサービスの利用が始まる。ここでは、利用者に体力の負担をかけさせないのがポイントである。

第4節　介護保険における福祉 NPO の役割

　規制緩和によって福祉 NPO の介護市場への参入が可能になった。地域に密着している NPO は、企業に比べるとより早く地域住民のニーズを掴めて、適切にそのニーズを満たすと期待されている。本節は、前述した介護保険制度や介護保険市場の問題点、利用者にとってサービスの意義などの点を踏まえて、介護保険における福祉 NPO の役割を次の 5 点に示した。

(1)逆選択効果を避けること

　介護保険における目的の一つは、利用者選択であるが、現実に、その選択権が機能していないようである。効率化や利益最大化を優先しない福祉 NPO は、利用者の要介護度に基づいて利用者を選別しない。

(2)ノーマライゼーションの実現

　ノーマライゼーションという概念は、身体障害者の権利擁護についてデンマークの Neils Erik Bank-Mikkelsen によって提出されたものである。彼は、身体障害者は一般人と同様に普段の生活を送る権利があると主張した。その後、福祉政策の中でも、ノーマライゼーションの概念と言葉がよく使われるようになった。2001年東北大学非営利組織論ゼミと NPO である「ゆるる」との共同

調査結果によって、福祉 NPO の設立目的は安心感を与える、助けあい、人間らしさ・人格の尊重、家庭の延長線などであるということが分かった7。これらの目的はノーマライゼーションの概念と一致している。また、利用者と提供者の対等性を強調している NPO は、生活者として顧客である利用者の権利を守っている。従って、NPO によって、ノーマライゼーションの実現が可能になる。

(3)個別ニーズの対応

集団生活をしている施設側は、利用者の個別ニーズを無視する恐れがある。柔軟性のある NPO は、個々の利用者の状況変化を迅速に対応できる。また、高齢者は介護保険枠外サービスを必要とするとき、NPO は、介護保険の補完として、枠外サービスを提供する。

(4)社会的資本の創造

社会的資本に対する明確的な定義はない。諸文献を参考にまとめると、社会的資本とは、個々人と団体・機関における相互理解や相互利益から生まれる信頼性や社会的ネットワークであるといえる8。NPO の社会的使命や理念は住民たちからの信頼性を得るこ

---

7 2001 年 1 月から 3 月まで、みやぎの市民活動・ボランティア活動を報道する団体－「杜の伝言板ゆるる」と東北大学経済学部非営利組織ゼミとの共同調査を行い、宮城県内における 52 福祉 NPO 団体に向けてアンケート調査・ヒアリング調査を行った。
8 社会的資本に関する詳略は、Putnam, 2000; The world Bank; Cohen and Prusak, 2001 を参考して頂きたい。

とができる。また、多様な利害関係者によって、社会的ネットワークを構築することもできる。

(5)コミュニティの活性化

　二つの面からコミュニティに対する活性化が見える。一つは、経済面の活性化である。NPO は他の提供主体と同様に、介護保険事業者になったことを契機に、人々（特に主婦層）への雇用機会を創出している。もう一つは、精神面の活性化である。NPO は、地域住民に対する社会参加の場を作って、社会参加の機会を促進する。高齢者はその社会参加を通して、地域住民とのふれあいの機会を増やしながら元気になる。また、病気のため、社会に排除される人にスキルや自信を備えることもでき、それらの人に社会復帰するチャンスを与える。

第 5 章　福祉 NPO における信頼の マネジメント

　人間は一人では生きられず、他者と何らかの関係を形成しなが
ら生きている。多くの福祉 NPO は、このような概念で、支えあい
ながら共に成長して共に生きる。この関係形成について、信頼の
問題は重要である。相手が信頼できるかどうかは人間関係のあり
方を決める。特に高齢化社会を迎え、介護やケアを必要とする人々
が増えてきているので、支援者や被支援者との間に信頼関係がな
ければ、様々な問題を引き起こすと考えられる。信頼関係がなく
してケアを行うことは不可能である。また、信頼関係の構築に関
わる関係者は、サービス提供者と利用者とに限らず、福祉 NPO 自
体とサービスの担い手、福祉 NPO 自身と利用者との間の信頼関係
の構築も重要となる。団体はサービス提供者の信頼を得ないと、
担い手の維持や獲得は困難になってしまう。サービス利用者は団
体に対する信頼がなければ、サービスを受けることに至らない。
このような悪循環で、福祉 NPO は破綻の羽目に陥る恐れがある。
　福祉サービスは対人サービスなので、ケアとささえの理念がよ
く取上げられるが、関係者に関わる信頼の概念を論じる研究は多
いとはいえない。本章の目的は、①信頼の概念を踏まえながら福

祉サービスにおける信頼の意義や信頼の分類、②福祉サービスにおけるケアとささえの意味を踏まえて、福祉サービスに求められるケアの本質、③福祉 NPO やサービス提供者へのヒアリング調査、現場の参与観察や団体の研修をとおして、信頼やケアの概念に基づき、福祉サービスの現場において関係者（福祉 NPO 団体、サービス提供者、サービス利用者）の信頼構築のプロセスを明らかにすることである。

第 1 節　信頼の概念

　信頼に関する先行研究については、様々な分野で論じられている。まず、経済学における信頼の提起について、Hansmann の「契約の失敗」はよく知られている。排除性・競合性という観点からみると、財貨は排除性・競合性という性質を持つ私的材と非排除性・非競合性という性質をもつ公共財に分けている。しかし、ヒューマンサービスは、私的財と公共財の間の準公共財に帰属する[1]。これは、対価を支払いできない人がサービスを利用できないという排除性を持つからである。こうした準公共財の性質を踏まえて、Hansmann（1980,1996）は、「情報と信頼」の観点から、「情報の非対称性」により「契約の失敗」を議論しつつ、NPO の積極的意義を述べている[2]。

---

[1] 排除性と競合性が備わっていれば、私的財となる。それに対して、公共財は非排除性と非競合性という性質がある。準公共財の場合、ある程度の排除性が認められ、市場メカニズムでも政府でも、この財を効率的に供給するには不完全であるという議論が成り立つ。
[2] 市場において利用者の情報不足を悪用して不正な利益を儲けるサービス

　社会学における信頼の研究について、Luhmann（1990）による
と、「信頼とは、最も広い意味では、自分が抱いている他者、或
いは社会への期待をあてにすること」を意味している。Barber は
この Luhmann の定義を引用し、「自然的秩序および道徳的社会秩
序の存在に対する期待」であるという。「つまり、世の中には秩
序ないし規則性があって、そういった秩序や規則性は簡単に崩れ
ることがないと思い込んでいる状態が、信頼だという定義である[3]。
こうした定義を見ると、Luhmann の信頼も、Barber の信頼も、「社
会的な複雑性の縮減システム」として、信頼を捉えているといえ
るだろう。

　Luhmann によると、信頼が情報の不足を内的に保障された確か
さで補いながら、情報を利用し、行動予期を一般化させる。彼は、
信頼を「人格的信頼」と「システム的信頼」とに分類する。前者
は他者という人格的システムに対する信頼であり、後者は社会シ
ステムのような非人格的システムに関する信頼である。

　Giddens（1990）も、十分な情報の欠如という要件で、信頼を議
論する。Giddens は、人間に対する信頼とシステムに対する信頼と
に区別する。前者は、顔に見えるコミットメントを必要とするが、
それは、ともにそこに居合わせている状況のもとで確立する社会
的結びつきによって維持されたり、こうした結びつきのなかに表
示される関係のことである。後者は、見えない形という抽象的シ
ステムに対する信頼である。抽象的システムに対する信頼は、「お

提供者に対する不信感があり、人々は利益の非配分に制約される NPO を
支持しやすい。
[3]　山岸（1998）、pp.33-34

おくの場合そうしたシステムに責任を負う人間や集団との出会い
を必要」としており、その代理人と一般人との接点を「アクセス・
ポイント」という。このアクセス・ポイントは、見えないコミット
メントと見えるコミットメントが交わる場、人格に対する信頼とシ
ステムに対する信頼の繋ぎ役という役割を果たしている。

　山岸（1998）は、Luhmann らの「社会的な複雑性の縮減」とい
う概念に対して、「信頼は情報処理の単純化によってもたらされ
るのではなく、逆に、より複雑な情報処理によってもたらされる」
という観点をとる。社会システムにおける信頼は 2 種類ある。こ
れは、「能力に対する期待」や「相手の意図に対する期待」とし
ての信頼にあたることである。信頼の定義に関して、山岸は、「相
手の意図に対する期待」から、「相手が自分を搾取しようとする
意図を持ていないという期待の中で、相手の人格や相手が自分に
対して持つ感情についての評価に基づく部分にあたる」というこ
とを信頼と定義した。言い換えると、「社会的不確実性が存在し
ているにもかかわらず、相手の（自分に対する感情までも含めた
意味での）人間性のゆえに、相手が自分に対してそんなひどい
ことはしないだろうと考えること」を信頼であると定義したの
である。

　Lane（2002）は、対人信頼について三つの要素があると述べて
いる。これは、(1)信頼者と被信頼者との間に，ある程度の相互依
存を仮定していること、(2)信頼は交換関係でリスクや不確実性を
処理する方法を与えるという仮定、(3)リスクのある脆弱性がある
にもかかわらず、関係する当事者からつけこまれないという信念
ないし期待である。

　Hosmer（1995）は、個人、対人関係、経済的取引、社会構造
の観点から信頼の問題を分析し、信頼は次のように捉えられて
いる。

　1.信頼は、ある人の行動，ないしある事象の結果についての個
人側の楽観的な期待です。

　2.信頼は、個人の利益に対する脆弱性と他者の行動に依存する
という条件下で起こる。

　3.信頼は、強制されずに進んでやる協働とその結果得られる利
益とに関連している。

　4.信頼は、強制するものではなく、他者の権利や利益を保護す
るために承認され、受容された義務を引き受けることを伴って
いる。

　経営学における信頼の論説について、Shaw（1997）は信頼を
「我々が依存している人々が我々の期待に応えるであろうという
信念」と定義している。Shaw によると、信頼の基礎となる要因は
三つある。それらの要因は、(1)業績を上げること、(2)真摯である
こと、(3)人を大切にすることである。簡単に説明すると、(1)は、
企業において重要なことである。例え善意があっても、業績とい
う期待されていることをあげる実行能力がないと、信頼は得られ
ない。(2)の真摯は、正直であり、行動が一貫していることである。
言行一致の人は、人の信頼を得ることができる。(3)は、人のニー
ズを理解し応えることである。人は自分を大切する人を信頼する
からである。

　和田（1998）は、「期待－パフォーマンス－確認」という図式
で、信頼者と被信頼者の長期継続的な取引関係にあってはじめて

形成されるものであると述べる。信頼に関する定義は、彼が「二者間のダイアディック（Dyadic）な状況にあって、双方が期待やパフォーマンスに対する裏切りのリスクを認識しつつも交換行為継続の意志を持ち続ける、あるいは期待やパフォーマンスに対する裏切りという現実にあってもそれを容認する心を双方が持っている状況」と定義する。

　信頼に関する分類について、和田は、「認知的信頼」と「感情的信頼」とに分ける。前者は、被信頼者の専門性などによる信頼である。後者は、プロフィール類似性（出身、価値観やライフスタイルの類似性）、感性、相性などに形成される。

　狩俣（2004）は信頼に関するそれぞれのタイプを検討した後、三つの信頼に分類する。これは、個人的信頼、コンテクスト的信頼、システム的信頼である。簡単に説明すると、個人的信頼は、個人の特性に基づく信頼であり、個人の特徴、能力、行動のあり方によって生じる。コンテクスト的信頼は、個人の所属する組織や社会的制度に基づく信頼である。これは、個人の行動よりも組織や制度が与える信頼性の問題である。システム的信頼は個人的信頼とコンテクスト的信頼に関わっているが、個々の要素の相互関係として生み出される信頼であり、システムそのものの持つ信頼である。

　信頼に関する定義は以上のように多く表されているが、共通の特徴を三つ持っている。

　(1)信頼者はある事象や対象に対して情報を持っていないこと、すなわち不確実な状況にいることである。(2)被信頼者はそれを利用すればなんらかの利益が得られることである。(3)信頼者は被信

頼者が自分の脆弱性を利用して利益を得ないと期待することである。

　信頼の分類について、本研究は、Luhmann や Giddens らに分類された「人格的信頼」や「システム的信頼」を援用する。定義について、人的信頼はサービス提供者の人間性、ないし人格と関連している。サービス提供者に内在する倫理や道徳性であり、サービス提供する際の職務遂行の能力、技術、対応などである。システム的信頼は、組織構造または組織がその成員の行動を規定する規範や準則のことである。例えば、サービスの提供を円滑にするための提供責任者やボランティア・コーディネーターの設置は、利用者とサービス提供者の橋渡し役を果たす。また、サービスの質に関する一定の水準を保つために、サービスのマニュアルは提供者に行動規範や準則を指示している。システム的信頼は、そうした人員配置やマニュアルによる形成される信頼である。

　いずれにしても、人格的信頼とシステム的信頼は相互作用的である。言い換えると、システム的信頼の形成がやがては人格的信頼を生み出し、人格的信頼がシステム的信頼の形成によって強化されるというメカニズムが生まれてくる。

　以上の先行研究は、情報の不確実性の観点から信頼の生成を論じているのが多い。情報の不確実性とは、経済学においての情報の非対称性であり、社会学においての情報の不足や情報の過剰などである。様々な信頼（人格的信頼、システム的信頼など）は情報の不確実性による問題の解決の手法のであるが、福祉 NPO における信頼マネジメントの手法でいかに高齢者介護サービスにおける関係者の相互作用にもたらされる不確実性を解消し、信頼を形

成するのかはまだ解明していない。信頼の形成は、人々の相互作用に依存する。また、高齢者介護はサービス提供者が利用者を支えて、身体や心のケアを行うので、その一連のプロセスを解明するために、ケアや支えの概念を検討する必要がある。次節ではケアと支えの概念を検討しよう。

第2節　ケアと支えの概念

　竹内（1998）は、医療、看護や介護の位置づけと役割について、以下のように述べた[4]。
・「医療」は、本質的には病気を扱う分野であるが障害も扱う。
・「看護」は、障害を扱いながら半分は病気と生活を扱っていく。
・「介護」は、本質的な意味では生活を扱うが、障害にもかかわっていく。
　介護は、主に生活行動に障害が生じる人々の日常生活のケアであり、その生活行動障害をささえていくことである。従って、介護保険における福祉サービスは基本的に対人サービスであり、直接人に関り、その人のために何らかの行為を行うことである。
　要介護高齢者が増えつつあり、医療、看護、福祉などの分野で高齢者介護に関するケアの問題が頻繁に論じられ、ケアの概念に関しても多くの考え方が示されている。しかし、これまでの議論は介護技術に関する論理が多く、介護されている人に真に求める心のケアの問題までは十分に捉えられていないように思われる。

---

[4]　竹内（1998）、p.8

ケアに関わる人々は、ケアされる人だけではなく、ケアする人も含める。ケアする人にとって、支援或いは支えの意味は何かという問題についても議論する必要がある。本節はケアと支えの概念を整理しながら、ケアと支えの本質を明らかにすることを意図している。

　医療の分野はキュアからケアの理念への移行が提唱されている。現代医学の問題点について、ケア学より、キュア学が優先と柏木（1987）は指摘した。彼によると、ケアは誰かが誰かに一方的に与えるものではなく、与え、かつ与えられるという双方向性をもつものであり、人格的なふれあいがあり、ケアを通してお互いに人間として成長する側面がある。

　田村（1998）は、キュアの概念とケアの概念を比較して対人援助過程を示している。彼によると、キュアは、「生きる」を前提として、患者の客観的な状況を変え、それを患者の主観的な想い・願い・価値観に合致させることである。ケアは、患者の主観的な想い・願い・価値観が客観的な状況に沿うように変わり、それを支えることである。キュアとケアの概念の比較は図表 5-1 を参照。

図表 5-1　キュア概念とケア概念の比較

	キュア概念	ケア概念
認識の基点	「生」を基点とする	「老い、病い、死」を基点とする
目的	生の原状回復（客観状況を変える）	意味ある生の完成（想い・願い・価値観が変わる）
対象認識の方法	対象化による客観的認識 部分から細部への認識	死へと立ち向かう人間の全体認識から有限性の確

	（細分化）	認・超越へ
援助者のかかわり方	二者構造的（3人称的世界） 健康者：病者（死に逝く者） 正常者：異常者 強者：弱者 教示的、指導者	相互的作用（1・2人称的世界） 共に死すべき者 共に老いるべき者 共に病むべき者 共感的、支持的
関係様態	上下関係、一方向的関係	並列関係、相互作用的関係（人間的成長の学びと発見）

出所：村田（1998）、p.59

　キュアは、「生の現状回復」或いは健康状態に回復させることを目的とする。援助する人と援助を受ける人は、強者と弱者、上位と下位の関係として考えられた。被援助者は世話を受ける存在であり、援助者に対する不平や不満があっても、黙々とその世話を受けるべきとされた。そして、援助者は、指導者の立場に立って、被援助者の真の要求や想いが何かを聴き取らず、自分が最善と考える方法で世話した。

　ケアは、「老い・病い・死」を認識の基点とし、意味のある生の完成を目的とする。誰でも、「老、病、死」に至るという人間の有限性を意識し、援助者と被援助者は共にそこから人間的成長の学びと発見を得ることができるところにケアの特徴があるとしている。キュアの概念はケアの概念と異なって、援助者と被援助者における成長発展することがないのである。

　ここでは、ケアの本質を明らかにする必要とするために、
Mayeroff（1971）の分析したケアの本質を取上げる。Mayeroff は
「私は他者を自分自身の延長と感じ考える。また、独立したもの
として、成長する欲求を持っているものとして感じ考える。さら
に私は、他者の発展が自分の幸福感と結びついていると感じつつ
考える。そして、私自身が他者の成長のために必要とされている
ことを感じとる。私は、他者の成長がもつ方向に導かれて、肯定
的に、そして他者の必要に応じて専心的に応答する」と述べてい
る[5]。彼によると、ケアは、他者が成長すること、自己実現するこ
とを助けることである。他人に役立つことによって、自分自身の
生きる意味を理解して生きることになる。ケアの概念に基づく援
助では相互に自己実現することができる。

　ケアの要素について、Mayeroff は、8 つの要素を取上げる。こ
れは、知識、リズムを変えること、忍耐、正直、信頼、謙遜、希
望、勇気である。簡単に説明すると、知識は、明確な知識（言葉
にできるもの）と暗黙の知識（言葉にできないもの）、直接的知
識（自分から知ること）と間接的知識（他人から知ること）を含
める。

　リズムを変えるのは、過去の経験に沿っただけではなく、他者
の成長を達成するために、他者と自分の行動を変えることである。
忍耐とは、何かが起きるのを座視することではなく、私達が全面
的に身を委ねる相手への関与の一つのあり方なのである。正直は、
ケアするうえで積極的な要素として認められるのであって、何か

---

[5]　Mayeroff M.,1971 邦訳 p.26

（嘘とか、騙すこととか）をしないことである。正直はケアに全人格的な統一を与える。信頼というのは、相手を信頼し、自分自身の能力も信頼しなければならない。謙遜は、ケアが相手の成長に対応していくものであるので、相手から学ぶことであり、またケアすることが決して特権を与えられていない、ということを自覚することを意味している[6]。

　それでは、人をケアするために何が必要であろうか。Roach（1992）は、5つの特性を示している。これは、(1)思いやり（compassion）、(2)能力（competence）、(3)信用（confidence）、(4)良心（conscience）、(5)コミットメント（commitment）である。

　これらを説明すると次のようになる。思いやりは、他者の経験に関与し応えることであり、他者の苦しみや痛みを感じることである。能力とは、責任を適切に果たすための必要な知識、判断力、技能、エネルギー、経験および動機づけを持っていることである。Roach によって、思いやりのない能力は冷酷であるが、能力のない思いやりは、援助を求めている人の生活に対する無意味な介入である。信用は、真に頼ることのできる関係を生み出すことである。信用がなくてケアを行うことはできない。良心は、道徳的意識を持つ状態である。コミットメントについて、Roach は、欲求

---

[6] Mayeroff の他、岡田（2003）は、医療援助に携わる人の自覚すべき自らの属性として、2つのことを指摘した。これは、（1）優越性と（2）不完全性である。優越性について、医療を提供する者は、医療を受ける者にたいして、常に優位な立場をとりやすいというのである。不完全性については、科学技術や個人としての不完全性である。こうしたような認識で、援助者は、自らの態度や対応を厳しく反省し、提供している援助の不完全性を思い、謙虚であり続けることを忘れてはいけない。

と責任との収斂によって、またそれらに従って熟慮した上での行
為の選択によって特徴付けられる複合的な感情的反応と定義する。

　ささえに関する議論は、医療、看護や介護の分野でよく提起さ
れてきたが、ささえの対象やささえの内容について、深く提起さ
れていないようである。森岡、斎藤、赤林、佐藤（1997）らは、
ささえについて以下のように論じる。

　斎藤は、「自己決定をささえる」と「孤独と不安をささえる」
を提起し、ささえる対象を「自己決定」「孤独」「不安」という
ふうに具体化している。さらに、ささえの内容は、「ときの提供」
「場所の提供」「ひとの提供」「もの・知識の提供」という四つ
のカテゴリーに分類している。赤林は、「身体的なささえ」と「精
神的（こころの）ささえ」の二種類に分類している。佐藤は、人
間社会の中の「小さなささえ」とそれを背後からささえる「大き
なささえ」を分類している。森岡は、より包括的な側面で「もの
や環境を与えるささえ」「技術や機能を与えるささえ」「情報や
心の糧を与えるささえ」「存在を与えるささえ」を提起している[7]。

　Biestek（1957）は、援助関係をケースワーカーとクライエント
との間で生まれる態度と感情による力動的な相互作用であるとし、
それはクライエントが彼と環境との間によりよい適応を実現して
ゆく過程を援助する目的を持っているとしている。その相互作用
において、援助関係の七つの原則がある。それは、(1)クライエン
トを個人として捉える、(2)クライエントの感情表現を大切にする、
(3)援助者は自分の感情を自覚して吟味する、(4)受けとめる、(5)

---

[7]　森岡編著（1997）、pp.262-264

クライエントを一方的に非難しない、(6)クライエントの自己決定を促して尊重する、(7)秘密を保持して信頼感を醸成する。

　以上の論理からケアに基づく対人サービスは次のように捉えられる。高齢者介護における対人サービスは、個々人（サービスを受ける人やサービスを提供する人）の主体性、自立性、独自性に基づいて、互いに最も必要としているところを助け合い、足りない点を補い合い、互いに成長することである。サービスを提供する場合、次の点が重要である。これは、(1)受容、(2)共感ないし感情移入、(3)対等、(4)自己決定の尊重、(5)信用である。対人サービスで何より重要なのは、サービスを受ける人を受容することである。人間は障害や病を抱えていても、価値観、人生観や自尊心を持っている。その人を人間として全人的に受容することによってサービスの提供が始まる。感情移入は他者の問題や課題と一体化し、他者の気持を理解し、感情を共有することである。対等は、サービス提供者やサービスを受ける側が強者と弱者の関係、或いは上位と下位の関係ではなく、他者かどのような状態におかれていても、その人の自己決定を尊重し、人間として平等でサービスを提供することである。自己決定の尊重は、利用者が自ら選択し決定する自由を認めることであり、当事者主体の立場をとることを意味している。信頼関係は、前述した和田の図式「期待－パフォーマンス－確認」というプロセスにおける人間性、同感、受容、対等、互いの尊重、専門性（資格、知識、技術を含め）などによって形成される。

第3節　福祉NPOにおける信頼マネジメントや信頼の形成

　岡田（2003）は、次のポイントで援助業務の難しさを示す。これは、(1)単調な作業の繰り返しを基本とする業務、(2)結果が出るまでに相当な期間を必要とする仕事、(3)デリカシーを必要とするが重労働でもある仕事、(4)没個性的忍耐を必要とすること、(5)応用と創造の仕事、(6)援助行為は時間・時刻に依存することである。

　これらを説明すると次のようになる。援助の仕事は、日常生活動作に関連するものが多い。食事、排泄、洗面、入浴、衣服の着脱、移動などで繰り返しているので、変化が少なくない。援助が適切かどうかを知るまでには、かなりの時間を要することがある。援助の仕事には、思いやり・細かい気配りを要することであり、重度の要介護者を援助する場合に、体力は絶対的に必要なものである。援助を必要とする人の援助とは、持続的・継続的でなければならないことが圧倒的に多い。被援助者のニーズに従って適切な援助をするので、援助側は自分の考え方に従って仕事に従事することが許されない。援助自分の個性を抑えて忍耐を強いられる仕事である。

　以上の援助業務に関する難しさは高齢者における福祉サービスに全てあてはまるのではないものの、臨機応変、利用者の目線で物事をみて考えること、結果の出ないうちに利用者へ提供する援助の適切さに不安と悩みがつきまとうことなどでサービス提供者にとって高齢者介護の難しさを反映できると思われる。

　介護保険制度は、利用者のニーズに対応するためのシステムである。このシステムの根幹は、個々人のニーズ把握を前提として必要な援助内容を決定し、客観性と公平性を保つことである。確かに、対人援助は、利用者を総合的に理解し、利用者が生活上どのような問題を抱え、どのようなニーズを有しているのかを明確にし、支援の方向性を見出すことから始まる。福祉 NPO における支援の継続は、サービス提供者やサービス利用者の獲得や維持に依存する。民間営利企業や社会福祉法人（社協も含め）に比べると、福祉 NPO の経済基盤は比較的に弱く、賃金体制は比較的に低くなる。事例研究としての「ゆうあんどあい」は、2003 年の介護報酬の見直しに関する見込みの誤り[8]によって、ヘルパー時給を減らしたという事実もある。賃金面から見ると、福祉 NPO はサービスの担い手を獲得する事に、不利な立場に立つのであるが、ヘルパーへのヒアリング調査結果によると、たとえ民間企業の賃金が高くても、民間企業で働きたいという考えは全くないことが分かっている。

　介護保険事業実施以降、「ゆうあんどあい」における介護事業の登録ヘルパー数は、常に 35、36 名ぐらい維持しているし、助け合い事業の協力会員数も毎月平均 140 名ぐらい有する。利用者数

---

[8] 2003 年の介護報酬の見直しによって、従来の訪問介護サービスは、家事援助、複合サービス、身体介護から、生活援助と身体介護の二つにまとめられた。「「ゆうあんどあい」」の見込みは、サービスの大半を占める複合サービスが報酬の高い身体介護に移行したことであるが、結局、本来の複合サービスの報酬より低い生活援助の方に移行した。その見込みの誤りのため、身体介護の時給は本来の 1500 円から 1050 円になってしまい、生活援助の時給は本来の 1200 円から 1050 円に設定されてしまった。

の維持について、介護保険実施以降、助け合い事業は月に約 900
時間のサービスを提供し、在宅介護サービスは、月に約 2400 時間
のサービスを提供する。サービス提供者や利用者の確保はある程
度の定着性がある。

　ここで、「ゆうあんどあい」の代表者やヘルパーへにヒアリン
グ調査結果を用いて、福祉 NPO における高齢者介護に関する信頼
マネジメント手法を説明変数として、サービス提供する際に、サ
ービス提供者や利用者の相互作用中、どのような要素で形成し信
頼を生み出すのかという信頼構築プロセスや特徴を明らかにした
いと考える。信頼のマネジメント手法は、「提供者に関する信頼
マネジメント」、「利用者に関する信頼マネジメント」や「双方
に関する信頼マネジメント」をわけて説明する。また、その三つ
の手法は独立な説明変数ではなく、相互的作用があり互いに影響
をあたえる。

1.事例概要：ヘルパーへのヒアリング調査より

1.1 A 氏

　A 氏は 40 代の女性で、2 級の資格を持っているヘルパーである。
介護保険制度の前に、公社に登録した非常勤ヘルパーであった。
当時は入浴サービスと在宅介護サービスを提供していた。入浴サ
ービスは一日 4 人で、在宅介護サービスは一日 4〜5 件であって、
体力を消耗する重労働だった。また、勤務時間は不特定であり、
公社における正社員も、非常勤者も夜間勤務の交替を必要とする。
たまに、仕事直前に依頼されたこともあるので、一日中拘束され

て待機しなければいけなかった。「ゆうあんどあい」の勤務状況は、公社と異なって、月ごとのサービスプランを立てているので、ヘルパーにとって、時間の把握をきちんとできる。

　「ゆうあんどあい」に勤めるきっかけは、提供責任者である渡辺悦子さんの紹介だった。最初は助け合いサービスの協力会員としてサービスを提供したが、介護保険制度が実施された後、介護保険事業のヘルパーとして勤務している。現在、A 氏は 3 人の利用者にサービスを提供している。利用者の構成は、要介護 4 に判定された利用者が 2 名、要支援に判定された利用者が 1 名である。利用者の家族構成について、軽い認知症で独居している方が 1 名、他の 2 名の方は家族と一緒に住んでいる。同じ利用者に対する同一ヘルパーが固定されていない批判があるが、利用者に安心感を与えるために、「ゆうあんどあい」は出来る限り固定化している。A 氏の利用者はずっとその 3 名のままで変わっていないようである。

　介護報酬について、サービスが 3 段階（家事援助、複合型サービス、身体介護）に分けられたときの方がよかったと A 氏は言った。2003 年 4 月に介護報酬の見直し後、サービスは 3 段階から 2 段階（生活援助、身体介護）に変更してから、生活援助の時給は、従来家事援助の 1200 円から 1050 円に変わり、身体介護の時給は、当初の 1500 円から 1050 円になってしまった。言い換えると、介護報酬の見直し後、「ゆうあんどあい」における時給は一律化した。これについて、A 氏は納得していないところはあったけれど、団体の説明を聞いてから、しがたなく受けざるを得なかった。「このために、企業に移りたい気がしないでしょうか」と A 氏に聞く

と、A 氏は「その気はないんです」と答えた。その理由は、現在の仕事は時間の柔軟性があるからである。しかも、A 氏は、企業での働くことに、「一日中拘束される」、「びしびし」などというイメージを持っているので、企業に勤める気がない。

　利用者の状況を把握するために、介護保険事業における提供責任者は、利用者の情報をヘルパーに郵送する。また、他のサービス提供者と一緒に利用者のところに行って同行訪問も行うので、ヘルパーにとって、その同行訪問は、介護研修の意味もあるし、利用者の状況を深く知る意味も持っている。A 氏にとって、利用者ニーズを引き出すために、時間をとって利用者との会話によるコミュニケーションは有効である。ここでの注意点は、利用者の目線を通して仕事を進め、急かせないようにすることである。

　団体からのサポートは、年に５、６回の内部研修や不定期な外部研修を常に行うこと、また、仕事に困るときに、サービス提供者と相談したら、アドバイスをしてくれることなどである。A 氏の場合は、利用者からの苦情がないけれども、もし、何かあったとき、苦情解決窓口としての提供責任者が、利用者との話し合いによって即解決するのは団体の原則である。

　A 氏は、団体にやって欲しことが二つある。提供責任者が、あまり利用者のところに行かないので、もっと現場のことを知ったほうがいいと A 氏は思った。これまで、ヘルパーとケアマネージャーとの話す場がないので、効率性（時間的ロスがない）や効果性を果たすために、ヘルパーとケアマネージャーの話す場を作ってほしいと A 氏が言った。

　現在の仕事について、時間の定着性があり、利用者との関係も

うまくいくので、A 氏はこの仕事を満足している。出来る限り、自分の体調管理を注意して、休まなくて努力していきたいと A 氏は述べた。

1.2 B 氏

B 氏は、1 級資格を持っている 40 代の女性です。「ゆうあんどあい」での勤務歴は 6 年になった。ヘルパーという仕事に携わた当初は、福祉 NPO での勤務だったけれど、事情があって、福祉 NPO を去って、企業の方で一回仕事をした経験がある。B 氏によって、企業の方は給料と仕事条件がよいけれど、自分の肌に合わない違和感があったようである。その理由は、ヘルパーを家政婦（お手伝い）と扱っていたこと、上下関係の厳しいこと、企業が現場のヘルパーに権限をあたえなかったことなどである。

「ゆうあんどあい」に入ったきっかけは、友達の紹介だった。ヘルパー研修のときに、代表者である渡辺祥子氏が話した「家庭を大事にしてください。仕事のために家庭を犠牲にしないで、ゆとりを持って仕事をして下さい」ということに B 氏は感心した。また、福祉NPO の人々は暖かくて、利用者もヘルパーをお手伝いとしないので、福祉NPO での仕事感覚は企業と随分異なった。たとえ企業側の給料や仕事条件がよくても、B 氏も再び企業で働きたくないという。

利用者との信頼関係づくりについて、「相手の立場にたって、同じ目線で物事を考えて、利用者に安心感を与えることは大事です。そして、いつも明るくて、プラス思考でサービスを提供するのも重要です」と B 氏は述べた。

　B 氏によると、ヘルパー同士は、個人的に会うことが出来ない
ことがわかってきた。ケースコンファレンスまたは年に 6 回ぐら
いの研修はヘルパー同士の交流機会である。ケースコンファレン
スを通して利用者に関する情報の共有ができ、研修は、自分にと
ってスキルアップの大好機である。B 氏は、「マイナスになる研
修がない。研修は必ずプラスになることである」と言った。ただ
し、自分の都合で、B 氏は毎回の研修に参加するのではない。幸
い、これらの研修は繰り返して実施されているので、自分の都合
に合わせて出来る限り研修に参加する。

　B 氏の利用者も定着している。利用者からヘルパーに対する苦
情はないけれど、ケアマネージャーに対する苦情があった。それ
は、ケアマネージャーが調査訪問をしたときに、利用者にプライ
ベートのことを細かく聞くことだった。利用者の気持ちを配慮す
ることやプライベートを守ることの大切さはこの苦情を通して B
氏は痛感した。

　団体からのサポートは、サービス提供者を信頼して提供者に任
せることである。また、サービス提供者はその場で解決できない
ときに、利用者の気を損なわないために、提供責任者はアドバイ
スなどの協力をしてくれることも含める。

　団体にやってほしいことについて、B 氏は、ヘルパー交代する
とき、団体が利用者に理由を説明し、利用者の理解を貰いたいと
話した。また、たまにダブルブッキングの例があったので、担当
の人に状況をきちんと把握してもらいたいということである。

　利用者にサービスを提供するうちに、自分も成長し、利用者の
面倒をみるというより、自分は面倒をみられていると B 氏は述べ

た。利用者にサービスを提供するうちに、利用者が色々と教えてくれたので、自分も成長している。現在の仕事は常に新鮮さを保って、遣り甲斐のある仕事だと B 氏は思った。

2.福祉 NPO の信頼マネジメント手法

　非営利組織は、上下の関係を中心に運営される縦割り組織というより、むしろ横の連絡を中心に運営される組織といえるが、団体が大きくなると、ある程度の規範や準則を持たざるを得ないので、組織がいかに最前線でサービスを提供や利用する人々の信頼を得るかは、組織存続や活動継続のカギである。また、継続性のある提供者は、いかに利用者との相互作用を通して、利用者に安全、安心感を与えながら利用者の自立支援を行うかは、福祉 NPO の社会的使命や団体の理念を達成する要である。信頼のマネジメント手法は、「提供者に関する信頼マネジメント」、「利用者に関する信頼マネジメント」や「双方に関する信頼マネジメント」をわけて説明する。また、その三つの手法は独立な説明変数ではなく、相互的作用があり互いに影響をあたえる。

2.1　サービス提供者に関する信頼マネジメント手法

2.1.1　同感を与えること

　同感は 2 人或いはそれ以上の人たちの間に起きている体験である。ウエブスター辞典によると、同感は「他人の気持ちとか興味にはいりこむ能力であって、他人の情緒、体験、特に悲嘆に対して敏感だとか、あるいはそれらから影響を受ける性格あるいは事

実である」。Travelbee（1971）によると、同感というのは、温か
み、親切、短期型の同情、配慮的な特質であり、それらは感情の
水準で体験されて、他の人に伝えられたものである。同感と共感
の相違は、Travelbee が「共感は大事なのだが、共感それ自体が関
係性に導くのではない。共感は他人への理解をうることであるが、
援助したいという願いに結びついていない。同感には苦悩を和ら
げようとする衝動があり、それは共感には欠けているものである」
と述べる。

　規制緩和は福祉 NPO における介護保険事業参入のきっかけで
ある。介護保険事業の実施と同時に、サービス提供者の数が増え
てきた。本来事業である助け合いサービスであれ、介護事業であ
る在宅介護サービスであれ、現場でサービスを提供している協力
会員とヘルパーの殆どは女性である。これらの女性の属性をみる
と、40 代から 60 代までの女性が一番多い。現場だけではなく、
福祉 NPO の代表者をはじめ、事務局スタッフまで、今まで調査を
行った限りでは 90％以上は女性であることが分かってきた。介護
保険事業の担い手でるヘルパーは、「勤める」という意識で福祉
NPO との雇用関係を結ぶ。一方、助け合い事業の担い手である協
力会員は、福祉 NPO のミッションに共鳴し、または福祉 NPO に
おける特定の仕事に興味をもつために、「ボランティア」という
意識で福祉 NPO の活動に参加する。ヘルパーであれ、協力会員で
あれ、全てのサービス提供者は必ず団体のミッションや目的を理
解しているわけではないが、これらの女性たちは、家庭や子供の
面倒をしながら、空いてる時間を活用するために福祉 NPO で活動
をしている。

　福祉 NPO は、活動に参加する女性たちに、団体のミッションや理念ではなく、「家庭第一」、「仕事のために家庭を犠牲してはいけない」という配慮的な同感を伝えた。ヘルパーへのヒアリング調査によって、この話に感動したヘルパーがたくさんいることが分かった。こうした同感を与えることによって、ヘルパーと福祉 NPO の距離が縮まる。同感は、ヘルパーにとって、情緒的支援であり、活動を継続する力である。松本（1996）は、「企業におけるマネジメントは、どんなにきれいごとをいっても、資本の論理に基づいた権限と指示・命令の社会であるが、市民団体はこれらが通用しない世界である。メンバーの共感を呼び起こし、それをエネルギーとして社会の問題解決に当る「共感によるマネジメント」を積極的に展開していく」と述べている。その共感は、団体の使命や理念に対する共感である。しかし、共感を得るのは時間が要るので、「共感によるマネジメント」というより、「同感によるマネジメント」は人員の確保に役に立つのではないだろう。

2.1.2 ルールあって最大限の自由を与えること

　前述したように組織コンテクストは、所属するメンバーの行動を規定する規範や準則のことである。しかし、ボランティアである協力会員を希望する人の大半は、極めて限定された時間と期間だけしかできない。従って、あいている時間帯で活動に参加することが協力会員を継続している条件になる。この状況は、福祉 NPO にとっては、協力会員の確保が厳しくなり、確保や維持のための努力を組織のマネジメントに組み込む必要に迫られる。また、民間企業で働く場合に、一日拘束されているので、時間の柔軟性

を持つ福祉 NPO を選んでサービスを提供するヘルパーが少なく
ない。それぞれ個々のメンバーの自由を獲得するために、介護保
険事業におけるサービス提供責任者や助け合い事業におけるボラ
ンティア・コーディネーターが設置された。提供責任者やボラン
ティア・コーディネーターは個々のメンバーの時間帯をすり合わ
せ、ヘルパーや協力会員の自由を最大限にする。佐藤（2003）は、
「多くの自由度のうちのある部分を協力しあって拘束することに
よって、他の多くの自由度を解放することができる」と述べて
いる[9]。福祉 NPO における個の自由の尊重はまさにその通りで
あろう。

　仕事が終わる 30 分前に、靴を履かなければいけないということ
は民間営利企業のマニュアルに入ったようである[10]。これは、営利
企業におけるヘルパーは利用者数に関して一日のノルマがあり、
このノルマを達成するために、一件一件のサービスの所要時間が
固定されたいるので、次のサービスに間に合うために、このよう
な基準が設定されている。こうしたことを見て、いらいらした利
用者は少なくないのである。

　逆に、福祉 NPO のサービス提供者である協力会員（有償ボラン
ティア）やヘルパーは企業のように時間に縛られることはないの
で、ゆっくりと利用者とコミュニケーションをしながらより個別
的なサービスを提供できる。これによって、利用者に安心感を与
えることもできるし、利用者と提供者との意志疎通をとおして、
利用者のことをもっと理解し把握できる。

---

[9]　佐藤（2003）、p.198
[10]　一番ヶ瀬（2003）、p.255

2.1.3 エンパワーメント

エンパワーメントについて論じた文献はさまざまある[11]。それら
の文献によると、エンパワーメントは、次のような多様な定義が
ある。それは、(1)能力開発：本来持っている能力を引き出し、「力」
をつけること、(2)権限を与えること、(3)個人の持っている「能力」
を最大限生かして、「力」をつけていくこと、(4)人とその人の環
境との間の関係の質に焦点をあて、人々が所与の環境を改善す
るパワーを高め、環境との良好な交互作用能力を増強すること
である。

　介護保険における対人サービスについて、現場でサービスを提
供する人々の得意性を引き出すのは重要とする。その得意性を引
き出す前提は、サービス提供者に判断、決断の権限をあたえるこ
とである。また、その得意性の引き出しは、サービス提供者は自
信を身につけパワーアップすることを促進するといえるだろう。

　事例の B 氏は、企業に働いたときに、企業側に「皆さん（ヘル
パー）の能力を活かして自由にやってください」と伝えられたけ
れど、実際に、企業の規範や準則に縛られて自分の得意性を発揮
できなかったので、再び福祉 NPO に戻った。一方、「ゆうあんど
あい」では、ケースコンファレンスを行う時、団体側はいつも「自
分の能力に自信を持って皆さんのやり方でサービスを提供してく
ださい」とヘルパーや協力会員に強調している。こうした団体側
に信頼された気がしたサービス提供者は、自分の能力や技能に誇

[11] エンパワーメントに関する議論は、小松（1995）、北野（1995）、久保（1995）、
　小田＝杉本＝久田（1999）、小川（1998）などの文献を参照。

りを持って、肯定的な自己信頼感で、利用者との間によい関係を
築く力ができて、よりよいサービスが提供できる。

2.1.4 研修

「ゆうあんどあい」では、様々な研修が行い、大まかに分ける
と、ヘルパーや協力会員に登録する際の基礎研修、内部研修や外
部研修である。

A.基礎研修：ケアの心構え

対人サービスを提供している NPO は、上記のケアの形態やケア
の要素、またはささえる対象と内容を、重要視するはずである。
これらのささえる対象や内容は 4 章で取上げた事例の A さんの求
めである「会う人、話す人、やること」を提供することと一致し
ているといえるだろう。しかし、ケアの要素の中で、目に見えな
いところがあまりにも多すぎて、相互作用を通して、受け手と送
り手しか感じられない。また、ささえる方法や手段について、提
起されてこなかったように思う。介護制度における福祉 NPO は、
訪問介護やデイサービスを中心として活動を行う。サービス提供
の目的は、高齢者の自立支援である。訪問介護やデイサービスは、
身体介護であれ、生活援助であれ、利用者にとって、住み慣れた
地域で快適な日常生活を送るための手段である。介護は、対人関
係のプロセスであり、機能的援助以外、利用者に安心・安全感を
あたえるのは福祉サービス提供者の責務である。利用者に「会う
人、話す人、やること」を提供する以上に、満足感、安心感や安
全感を与えるのは、福祉サービスの原点だと思われる。

　NPO における福祉サービスの質を守るために、ヘルパーや協力会員に対しては、基本的に、最初登録した時に、訪問介護の心得や基礎研修をおこなう。その内容について、以下のように纏めている。

　1.利用者への尊重

　Mayeroff によると、ケアの概念が持っている要素は知識、リズムを変えること、忍耐、正直、信頼、謙遜、希望、勇気などである。これはケアのプロセスからもたらす力であるが、ケアの前提は利用者への尊重に違いない。利用者への尊重については、次の３つのポイントで説明している。

　(1)プライバシーの尊重

　　対人援助を行う時、援助する側は、円滑に業務を遂行するために、要援助者である利用者について、普通の関係では知り得ない相手の情報を知る事がある。氏名、家族構成、病歴、主治医など基礎的なことがらの他に、思想、宗教、家族・親族・友人関係のこまごました感情や評価から、時には財産や年金などの金銭的なことまで、機関や組織を通じたり、利用者本人もしくは家族から知らされる。

　　これらの情報は、援助を行う上では、やむを得ず知らされたり、信頼の感情を表現するために伝えられたりするものである。従って、これらの業務上知り得た利用者の情報は、援助関係の上でのみ活用されるべきもので、決して他に漏らしてはならないことである。また聞き出すことも、サービス提供上の必要最小限の範囲に限られ

るだろう。ケース検討会などで事例報告する場合も、本人と明らかにされないように、匿名にするなどの配慮をした上で、研究・検討の場に発表することを習慣づけることがサービス提供者にとって重要なことである。

(2)日常の生活習慣を守る（尊重する）

　ヘルパーの目的は、それぞれの利用者の生活の中に入って、問題解決や状況改善を支援することである。その対人関係プロセスの主体は、あくまでも利用者である。従って、利用者を中心として行動するはずである。

　また、協力者はあらかじめ利用者の住環境、利用者の病歴や、服薬の習慣、主治医、緊急時の連絡先などの方法を確認すると共に、日常の生活習慣（利き手、利き足、杖や車椅子の使用、おしめの使用など）についても、家族や主治医に教えてもらって、「普段やっていること」を尊重して援助することが必要である。

(3)自立の意志の尊重

　リハビリや残存機能の活用、という観点からも「出来ることは自分でしてもらう」やり方で、「目を離さず、余計な世話はやかず」に介護する姿勢を持つとよい。利用者と対等な「助け合い」の関係なので、何でもお世話するということだけでは、真の意味で良い協力者とはいえない。利用者に出来るだけ自立の意志を持たせるよう、また出来るだけ一緒にいるように心がけるべきである。

2.円滑なコミュニケーションに対する工夫

　信頼関係を築く手段として、コミュニケーションが非常に大切である。円滑なコミュニケーションが取れれば、第一歩は成功したことになる。それがうまくいくために、現場のサービス提供者は、次のような工夫をしている。

　(1)対話できる話し方や前向きな話し方：利用者の体調や安全確保をしたとき、「気分はどうですか」、「お水を飲みますか」と利用者に聞くと、利用者は必ず返事してもらう。これを切り口として、利用者との会話を続ける。また、「顔色が悪い」などのマイナス志向のことばは禁句である。前向きな話し方で、利用者を励み、利用者に安心感を与えることができる。

　(2)利用者の話に耳を傾けること：利用者を深く理解するために、「話を聞いてもらった」と思われるような聞き手上手な態度が重要である。利用者の話が、たとえ自分が納得出来なくても批判しない、指図しないままで、とりあえず相手を受け入れて、相手の話に耳を傾け、ひたすら聞いてみる。それによって、利用者の本心やポイントを探ることもできるし、利用者のニーズを引き出すこともできる。利用者に返事するときに、サービス提供者はできる限り低く抑えた声で、ゆっくり、分かりやすい言葉で返事する事（高い声が聞き取りにくいからである。）

　(3)コミュニケーションのとり方は、言葉だけではなく、声や表情による話し方、態度、礼儀も含めている。利用者は、自分の暮らしのなかに他人が入ってくることに不安感を抱

く。従って、利用者にいい印象を与えるために、清潔できちんとした身なりが第一である。サービス提供者は、出来るかぎり、ネックレス、腕時計をしない方がいい。また、エプロンをしたまま、利用者の自宅に次から次へ回ることはいけない。そして、笑顔と穏やかな話し方、明るい態度、丁寧で礼儀正しい態度や言葉づかいで利用者と接するべきである。

　3.公私混同しないこと：利用者から物をもらう事は問題になるかもしれない。こうした事があれば、婉曲にお断りする。また、事務局の方に言って、メモに記録する。

　4.金銭管理について：金銭は、トラブルになりやすい問題である。とくに認知症や健忘症の利用者がいる場合には、注意が必要である。例えば、財布がない時、探して見つかったら、決して自分で取らず、本人が自分で見つけられる所にその財布を置く。また、買物する時、利用者からお金を預かる場合は、必ず領収書にして利用者に渡す。買物が終わったら、店から貰った領収書と釣銭を合わせて、間違いないように利用者が持っている領収書と照らし合わせる。

　5.利用者との約束をちゃんと守ること：ヘルパーは時間厳守しなければならない（「「ゆうあんどあい」」の基準は、約束時間の5分前玄関に着く）。約束内容の履行、不明の点の確認（約束以外のもの、判断に困る時、すぐ事務所に連絡する）、出来ない事をはっきり伝える（医療行為、犬の散歩など）。「出来ない」は悪い事ではない。能力以上のことをやって、トラブルがあるかもしれない。

6.対等な関係：サービス提供者と利用者との関係は、「お世話する人」と「される人」という上下関係や強弱の力関係が生じやすい。従って、「お互い平等」な価値観で、利用者を理解して、尊重するのは「ゆうあんどあい」のモットーである。

B.内部や外部研修について

内部研修は、2ヶ月一回の頻度で、外部研修は不定期という形で、ヘルパーに対する研修を行う。「ゆうあんどあい」で介護保険が実施された以降、利用者の要望に専門性を望む声がつよくなった。それによって、思いと善意と情熱だけで、利用者の満足を得られないということの認識があり、専門性を念頭に入れた研修の取り組みを実施した。在宅介護サービスは生活援助と身体介護の2種類にわけるので、それぞれのサービスに相応しい研修を開催すべきである。「ゆうあんどあい」で、これまで生活援助に関する研修の実施について、掃除研修、ごみ分別研修、調理実習を行った。身体介護に関する介護技術研修について、おむつ交換、入浴介助、排泄・移乗介助、車椅子の移乗、口腔ケアなどを行った。こうした研修を通して、サービス提供者はさまざまな介護技術を習得し、さらに、自信がたかまるので、現場でサービスの提供はより効率的、効果的になる。その身についけた専門性によって、利用者の要望を達成することができ、利用者対サービス提供者の個人的信頼の構築に役立つ。

「ゆうあんどあい」で、マズロの欲求の5段階説を基本にして、利用者の自尊を大事にしようという心構えを常にサービス提供者に伝える。「利用者は顧客である」または「利用者の満足を得な

ければならない」という意識をサービス提供者の念頭に入れるために、2001 年から「利用者満足」も研修のプログラムに入った。これらの研修を通して、サービス提供者は対人サービスにおける心のケアや体のケアに関するテクニックを身につけることもできるし、サービスの質の向上に繋がることもできる。

　利用者とのよりよいコミュニケーションを行うために、「高齢者の受け止め」、「痴呆高齢者のうけとめ」などの研修も実施した。これによって、利用者のことをありのままに受容することの大事さをサービス提供者がしみじみ感じて、よりよい支援に結びつくことができる。

　個々人の自発性によって発足された市民団体は、サービスの提供によって自己満足に陥りやすい恐れがある。従って、2002 年度から、「ゆうあんどあい」は、団体全員を対象にして顧客満足度研修に取り組んだ。この研修の目的は、利用者の要求はどんな思いに根ざしているのかを知ることである。研修の成果は、サービス提供者としての関わりのなかで、利用者のニーズや満足度を意識するようになったと同時に、自己満足なケアで終わらないような配慮もできるようになった。

　利用者に安全や安心感を与えるために、内部や外部研修を通して介護技術を身に付け、腕を磨くことが必要とするのみならず、利用者の価値観や個性をありのままに受け入れる感性を磨くことも大切である。

2.1.5 サービス提供者に対する利用者情報共有の体制づくり

　サービス提供者に対する利用者情報共有の体制づくりについて、「ゆうあんどあい」はできる限り利用者に同一サービス提供者という固定的な形でサービス提供を行うが、サービス提供者の都合によって、このサービス提供体制の実施に困難になってしまうときもある。良いサービスを提供するために、利用者情報の共有が重要となる。利用者情報を共有するための手段は、大まかに二つを分けられている。これは、文書化されたものやミーティングである。文書化されたものは、利用者への訪問調書、ホームヘルプサービス実施報告書、在宅訪問記録などである。ミーティングについて、基本的に月 1 回提出の報告書をミーティングの材料としている。また、週 1 回の全体会議（月曜日に実施）で、これまでやってきたことをメンバーに報告し、この情報を全員に共有することができる。

　このような利用者情報の共有で、サービス提供者が違う時にも、利用者に対する介護援助を続けられるので、利用者だけではなく、提供者にも安心感を与えられ、団体に対する信頼はより一層高まるのではないだろうか。

2.2 利用者に対する信頼マネジメント手法

2.2.1 利用者ニーズの引き出し

　マズローの 5 段階説によると、ニーズの類型は、(1)基本的・生理的ニーズ、(2)残存機能の活用ニーズ、(3)社会関係維持・回復ニーズ、(4)自己実現のニーズである。こうしたニーズの捉え方は介

護の分野にあてはめると、基本的・生理的ニーズを満たすのは、日常生活支援（身辺介助・生活支援）、残存機能の活用ニーズに応じるのは自立生活支援（自立・自律支援）、社会関係維持・回復ニーズを満たすのは社会生活支援（社会生活機能の促進）、そして、自己実現ニーズを満たすのは、生活文化の創造である[12]。よりよいサービスを提供するためには、利用者ニーズを知らざるを得ない。しかし、高齢者介護における利用者ニーズは十人十色なので、そのニーズの引き出しは決して簡単なことではない。これは、高齢者介護における不確実性、曖昧性、多様性、依存性など様々な特性があるからである。

　在宅介護サービスは、閉ざされた時空間でサービスを提供しているので、双方向的対話は可能にすることが一番重要である。利用者実態や要望を把握する方法では、東北大学藤井研究室で行われたアンケート調査の結果を見ると、「日常のコミュニケーション」が最も多い。この結果は、双方向的対話に反映される。次いで「利用者を訪問して行う調査」、「連絡帳・手紙・利用者の声ノート・会報」、「総会・評議会・家族会・集会」という順になる。以上の手法はいずれも、コミュニケーションをベースにしている。不確定性を解消し、多様性を把握するために、訪問相談を積極的に行い、それにより、利用者の生活の場において具体的に生活実態や介護ニーズを把握し、問題をより正確に把握することができるだろう。それぞれの手法を通して得た利用者情報はサービス提供者と共有して、サービス提供する際にそれらの要望やニーズを満たす上で、利用者による信頼がより高まる。

---

[12] 光成（1998）、pp.10-11

2.2.2 口コミや実績によるブランド力

　近年、広報、広告や IT 技術などによる NPO のマーケティング戦略に関する研究は盛んである。しかし、それによる効果は、特に福祉分野にとって、顕著とはいえない。インターネットの普及によって IT 技術を利用する広告活動が重要視されたけれども、高齢者の間に、実際にインターネットに接続する利用者の人数が多いとは言えないので、著しい効果がでなかった。また、介護サービスはほかの財と異なって、利用しないとサービスの良し悪しを判別しにくいというのはこの理由の一つと推測されている。

　「ゆうあんどあい」は、立ち上げたばかりのときに、顧客がないという困難な局面にあった経験がある。当時、新聞の折り込み広告をしたけど、顧客は来なかったのは事実である。ある障害者に関する周到なサービス提供をきっかけとして、利用者の口コミで団体にサービスの問い合わせが増えてきた。サービス提供の依頼をした顧客に対して、サービス提供者はこれまで積み重ねてきた経験や技能を活かすことによって利用者の信頼を得た。介護保険実施した当初から約 60 人ほどの登録利用者がいたし、また他の事業者から「ゆうあんどあい」に流れてきた利用者もたくさんいたことが、利用者に認知され信頼を獲得できたことの証拠である。

2.2.3 サービス提供者の固定化

　ヘルパーや協力会員の都合で、サービス提供者固定化することがなかなか困難であるが、サービス提供者を固定しないと、提供

者が変わる際に、利用者は同じことを異なる提供者に説明することが要り、また、利用者は顔なじみではない人に警戒心が高まるので、利用者の心身ともに負担をかける。「ゆうあんどあい」はこのことを考慮にいれて、できる限り利用者に同じサービス提供者を派遣する。事例の A 氏と B 氏は、ずっと同じ利用者にサービスを提供するので、長年の相互作用や意思疎通で、お互いの理解を深めるために、利用者の異変があればすぐ気付いて対応できる。高齢者にとって、変化があれば落ち着かない場合もあるし、慣れるまで時間も結構かかるので、定着性は高齢者に安定感、安心感を与えられるので、信頼性もここから生み出される。

2.2.4　苦情の即解決

「ゆうあんどあい」にとって、苦情（不平や不満）とは、「学習の場」であり、「サービス提供の見直しの場」であるという。そして、その苦情がどのような問題かによって解決方法を変えて、処理している。例えば、①時間をかけられないもの（緊急性を要するもの）は、その場でヘルパーと提供責任者間で解決したり、組織全体に関わるものは、研修やミーティングを行ったり、また自分達では（マニュアル通り・指示通り）できているのに、不満が出てしまうような場合は利用者とコミュニケーションをとることで解決している。このように、指示不適切・技術不足・コミュニケーション不足といった苦情の原因によって処理方法を変えている。失敗や苦情、ヘルパーの状況報告は見えるものであり、苦情や不満に至るまでは、何らかの伏線があるという。だからこそ、どうキャッチして、展開するかが重要になる。また、何かあった

ら提供責任者自ら利用者のところへ行くようにしているという。人によって話すことが違う場合もあり（ヘルパーには言えないが、スタッフには言える）、不満をもった利用者の話を聞いてあげるだけで解決してしまうときもあるという。

「家事援助」の方が苦情が多い。それは、①具体的に見えるから、②多様だから、③女性にとっては自分がやってきたことで同じようにやってほしいと感じるからだという。④に関しては、実際全く同じは無理で、この点が厳しいところだ。しかし、家事は生活する上で不可欠であるため、トータル的に関わりたいと考えている。技術的に無理ならば、研修やスキルアップで、不適切・不可能な要望ならばコミュニケーションで解決できることもあると話してくれた。

また、介護保険に関わる苦情（不満）も多い。以下の事例はそのうちの一部である。

（事例 1）洗濯＝介護保険では制度上本人のもののみだが、夫のものもいっしょにやってほしいというジレンマが不満として現れた。ヘルパーからすれば「できない」のに、利用者からすれば「やってくれない」となってしまう。また、ごまかすヘルパーもいれば全くやらないヘルパーもいてヘルパーごとに対応の差も出てくる。この点についてはミーティングで対応を統一した。

（事例 2）食事（ご飯）＝利用者の分だけが決まりだが、家族が怪我をした時、2 人分つくってほしいという要望があった。この時は、「多めの 1 人前」を作って解決した。

ヘルパーと利用者は一対一の関係であるが、だからこそ「制度と思いの違い」が存在するのも事実である。「介護保険＝個人契

約」など、「薬の話」を通して制度上できないことをアピールするときもあるが、できないなりにも柔軟性を持たせて対応（拡大解釈）し、それでもできなければ「助け合い」で対応していくことが大切である（実際、こうした対応から逃げる（しない）事業者もある）。

　苦情処理については、苦情をどう全体化できるかがポイントであり、それが責任者・事業者の役目である。また、信頼関係をどう築いていくかも重要なテーマである。信頼関係があるから苦情が出る場合も少なくないからだ。利用者とヘルパーとの間はもちろん、ヘルパーと提供責任者とのあいだの信頼関係も大切（何でも言い合える、言いたいことが言える仲になっているか）である。

2.3 境界担当者の設置

　境界担当者とは、介護保険事業のおける提供責任者や助け合いサービスにおけるコーディネーターである。

　ボランティア・グループにおけるコーディネート機能について、李（1999）は、「人格的付き合い」、「人脈的ネットワーク」、活動スタイルを伝達するための「社会化」のプロセス、「本音をぶつけ合うコミュニケーション」の場の確保などの特徴で、ボランティアに参与する諸個人における「自律」と「連帯」の調和を促進しうることであると述べる[13]。しかし、在宅介護におけるサービス提供者は、「直行直帰」という形でサービスを提供しているので、ヘルパーや協力会員同士がお互いに顔をあわせる機会が殆

---

[13] 李（1999）、p.93

どないので、福祉 NPO におけるコーディネーターや提供責任者
の機能は、ネットワーク作りやコミュニケーションの場の確保と
いうより、むしろ活動を円滑に進めるための「利用者とサービス
提供者のマッチング」、「サービス提供者のコンサルタント」、
「連携」である。それらの機能について下記のように説明されて
いる。

　コーディネーターには、ヘルパーの選定やサービス内容の決定
に利用者が主体的に関わることができるよう支援することが求め
られている[14]。利用者とサービス提供者との介護関係における非対
称性[15]をいかにして排除し、利用者と提供者の両者に働きかけ、両
者間に生じる葛藤、協力、対決、交渉などの相互作用を促しなが
ら、対等な向かい合いを支えるのはコーディネーターの役割であ
る。介護関係に生起する苦情や悩みなどのコンフリクトを顕在化
させながら、助言やカンファレンスなどをとおして、利用者のみ
ならずサービス提供者を側面的に支持することは「利用者とサー
ビス提供者のマッチング」、「サービス提供者のコンサルタント」
の意味である。

　「連携」について、「ゆうあんどあい」の助け合いサービスは、
第三者的立場に立って、行政、制度、事業所に発信できるために、
コーディネーターは以下のような役割を果たしている。

---

[14] 鳥海（2003）、pp.76-77
[15] 稲沢（2002）、p.185、岡原（1995）、p.129 を参照。

(1)外部（民生委員、社協、他事業所、行政など）との連携について

　介護保険は制度なので、制度による縛りがたくさんある。利用者の要望に応じるため、助け合いサービスを続けることが必要である。コーディネーターは利用者や外部の関係者の橋渡し役になって、利用者の生の声をそろぞれの外部関係者に発信することもできるし、利用者に対する情報提供（制度、事業所や苦情相談）もできる。利用者はたの事業者のサービスを利用する場合、或いは他事業所の利用者は「ゆうあんどあい」の助け合いサービスを利用することがあれば、コーディナーターは他事業所と連携し、情報交換をしながら、手続をしてくれる。

(2)内部の連携について

　助け合いサービスの利用者は介護保険在宅介護サービスを利用する時、また在宅介護サービスの利用者は助け合いサービスを利用する時、在宅介護サービスのケアマネージャー、提供責任者と助け合いサービスのコーディネーターは必ずミーティングし、利用者に関する情報を共有している。

　利用者にとって、安心して暮らせる支えあいの体制をつくるのは、内部と外部連携の目的である。

　これらの境界担当者は、サービス提供者に対する働きかけと同じく役割を果たしている。「利用者とサービス提供者のマッチング」や「サービス提供者のコンサルタント」の機能がうまくいけると、対決・苦情などの否定的なことの発生を避けることができ

る。それによって、利用者は団体ないしサービス提供者への信頼が生じる。

2.4 利用者を混乱させないヘルパーと協力会員の二分化

「ゆうあんどあい」で、助け合いサービスは「根幹部分」として、介護保険事業は「収益事業」という位置づけになっている。介護保険では足りない部分や対応できない部分（入院の付き添い、買い物、庭の手入れ、…）を助け合いサービスで補完する。助け合いサービスは補完的だが、決して介護保険事業の下にあるのではなく、介護保険事業と同じくメイン事業として独立したものである。それら2つのサービスの担い手（介護保険事業におけるヘルパーや助け合いサービスにおける協力会員）も完全に分けている。助け合いサービス利用料は設立当初以来、相変わらず1時間1000円であり、そのうちの200円が事務費用として団体に支払って、残りの800円は協力会員の手取りである。「支えあい」という理念で立ち上がった助け合いサービスは赤字のままになってしまったので、助け合いサービスを継続するために「「ゆうあんどあい」」は介護保険事業者になった。団体にとって、サービス提供者を一緒にすると、本来事業である助け合いサービスの意義が薄れる危惧がある。助け合いサービスの意義とは、福祉 NPO が利用者の代弁者や情報提供者として、第3者の立場にたって、介護保険事業への不平不満などを調査し、事業所・制度自身・行政に提言し、利用者へ情報を提供することである。

「介護保険事業」と「助けあいサービス」をきっちり分けている体制は、サービス提供側にとってもいい仕組みといえる。メン

バーの属性や意識も完全に別で、それぞれの事業に対しては、介護保険事業が「仕事の場」として、助け合いサービスが「ボランティアの場」という位置づけになっている。メンバーは、これら 2 つの事業から自分にあう活動の選択が出来、違いを理解した上で活動に加わる。

　利用者にとって、サービス提供者を分けないと、同じ提供者で同じサービスを提供するときに、介護保険事業や助け合いサービスの単価が違うため、利用者が混乱してしまう恐れがある。

3.福祉 NPO における信頼マネジメントの目的

　前述した信頼マネジメントの手法は、それぞれの目的がある。まず、サービス提供者に関する信頼マネジメントの目的は、活動の担い手としての協力会員やヘルパーの獲得や継続である。そして、研修や利用者情報の共有体制づくりを通してサービス提供者は心のケアや身体のケアに対する知識や技能を身に付け、サービス提供を円滑に行ないながらサービスの質の向上にも繋がるだろう。

　利用者に関する信頼マネジメント手法の目的は、利用者の要望やニーズに応えること、素早い苦情解決による安心感やサービス提供者の固定による安定感を与えることである。

　双方（利用者やサービス提供者）に関する信頼のマネジメント手法について、境界担当者の設置目的は、利用者と提供者の相互作用に関する不利な要素である葛藤や対決を避け、或いは解決し、正の相互作用を促すことである。サービス提供者の二分化（助け

合いサービスの協力会員や介護保険事業のヘルパーをわけるこ
と）で、福祉 NPO 元来の社会的使命や理念を維持する事もできる
し、利用者が混乱しないことも目的の一つである。こうしたマネ
ジメント手法は、福祉 NPO 対サービス提供者や福祉 NPO 対利用
者の信頼構築に寄与する。

4.福祉 NPO における信頼の形成要素や信頼を生み出すプロセス

　では、先述した信頼マネジメント手法は信頼の形成についてど
のような要素が形成されるのかを考察していきたい。

　まず、サービス提供者に対する信頼マネジメント手法である「同
感を与えること」や「ルールあって最大限の自由をあたえること」
は、福祉現場で活動している主な提供者（40 代から 60 代までの
女性）に仕事や家庭を両立する環境を作ってくれ、継続にサービ
スを提供することに繋がる。経済基盤の弱い福祉 NPO は、労働集
約である福祉サービスを提供するために、人的資源の保有が大切
である。こうした人的資源は、ボランティアだけではなく、介護
保険におけるヘルパーも含める。しかし、ヘルパーは働くという
感覚で福祉 NPO に勤めるので、金銭的な要因より家庭を守れる要
素はヘルパーにとって肝心なことである。

　「エンパワーメント」は、サービス提供者に判断や決断力を与
えるうえ、サービス提供者の得意性を引き出し、サービス提供者
の自信を高めてパワーアップする事を促す。その得意性の発揮や
力をつけることによって、サービス提供者は自己成長している。

社会に貢献できる意欲は、サービスの提供を通じて達成できるので、自己実現の要素が形成される。

　以上の手法で、サービス提供者の獲得や維持ができる。それによるサービスの継続性は、サービス提供者の固定化に寄与するので、利用者との信頼構築に間接的な効果を与える。

　研修や利用者情報の共有体制づくりは、サービスにとって必要な知識、技術や対人サービスに関するケアの心構えを習得し、質の良いサービスを円滑に提供できる。そして、現場で利用者との相互作用を行ううちに、専門性による安心感、ケアする際の共感、尊重、対等、意思疎通、感性、相性、コミュニケーションによる対話や傾聴などの要素が形成されて、サービス提供者と利用者との信頼が生み出される。

　福祉 NPO 側の利用者に対する信頼マネジメント手法は、前節に説明された「日常のコミュニケーションや訪問調査によるニーズの引き出し」、「苦情の即解決」や「サービス提供者の固定化」である。多様性や不確実性などの特性を持っている高齢者ニーズの引き出す方法は、対話の出来る日常コミュニケーションや生活実態と介護ニーズを把握する訪問調査を積極的に行うことである。そして、利用者の要望やニーズに応えることによって、利用者から団体に対する信頼性が高まる。「苦情の即解決」にもたらされる素早い対応は、利用者に安心感を与え、「サービス提供者の固定化」は、利用者に安定感をこうむらせる。利用者との相互作用にもたらす、こうした要素はバックアップとして現場でサービスを行う提供者や利用者の相互作用にプラスの影響を与え、より良い人間関係の形成や信頼の形成ができる。

　境界担当者の設置は、サービス提供者や利用者にとって、前述した「利用者とサービス提供者のマッチング」、「サービス提供者のコンサルタント」、「連携」という役割を果たしている。サービス提供者の二分化は、提供者に選択肢を与え、自分の意識に沿って活動をする事ができる。利用者にとって、サービス提供者の二分化は、混乱しない利点がある。そうした組織体制の設定は、サービス提供者や利用者に関する信頼マネジメントをサポートする。

　以上の信頼の形成要素や信頼を生み出すプロセスを図表 5-2 にまとめて図示されている。

第 4 節　結び

　対人サービスの質を向上するために、信頼関係がなければならない。そのために、サービスの提供に関わる関係者達が互いに対処するすべきことがいくつがある。本章では、福祉 NPO、サービス提供者や利用者との関係を相互協力の立場から捉えて、福祉 NPO はいかに信頼マネジメントの手法を活かし、利用者対サービス提供者に関する相互作用に信頼形成の要素を成形して、両者の間に信頼を生み出すというプロセスを論じる。それらの信頼の形成要素も相互作用的である。このプロセスで福祉 NPO における対人サービスの提供が円滑になって、質の向上に貢献できるだろう。

図表 5-2　福祉 NPO における信頼構築プロセス

福祉NPOの信頼マネジメント手法　　関係者の相互作用にもたらす信頼の形成要素

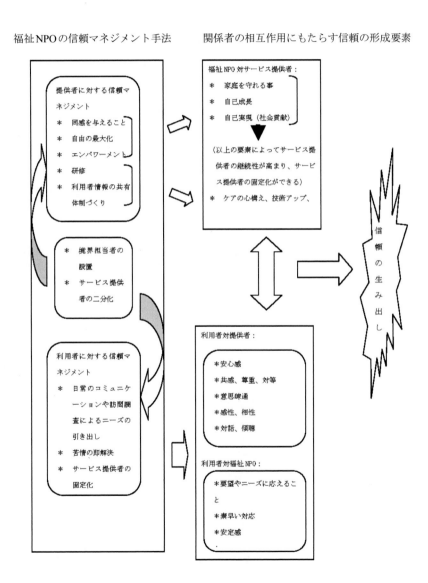

介護保険における福祉 NPO のマネジメントに関する考察

第 6 章　介護保険における福祉 NPO マネジメントの特徴

前述した福祉 NPO の特徴や役割をみると、福祉 NPO は、高齢者の生活支援や自立支援[1]そして地域や在宅での生活を可能にする地域福祉を実現する事に重要な役割を果たしている。また、地域福祉の担い手として、地域に根ざした活動はコミュニティ形成について、人々から大いに期待されている。しかし、大きな役割が期待されている福祉 NPO は、介護保険事業の参入と共に、①ミッションの後退、②本来事業の担い手である有償ボランティアや、介護保険事業のサービスの送り手であるヘルパーへの対応に関する人的資源のマネジメント、③組織体系・機能、④地域との連携⑤収益事業の重視という変化に伴う組織の拡大、新規事業への進出、収益事業と本来事業のバランスをとること、などさまざまな課題が出てきた。人的資源のマネジメントについて、前章に説明された信頼構築は重要な役割を果たす。この信頼構築に関する福祉現場の実践は既に解明された。本章は、信頼のマネジメントを除き、第 3 章に提示された分析枠組に基づいて、福祉 NPO におけるマネジメントの実際とその特徴について考察する。

---

[1] 自立支援は、身体的な自立ではなく、高齢者が自分の意思決定により受けたいサービスを受けられることである。

第1節　内部マネジメント

　福祉 NPO におけるマネジメント分析枠組に基づいて、内部マネジメントは、信頼のマネジメント以外、ミッションのマネジメント、事業多角化のマネジメント、組織のマネジメント、資金調達のマネジメント、評価のマネジメントに分類する。ここで強調したいのは、それぞれのマネジメントが独立しているのではなく、何らかの関係やつながりを持っている。

1.ミッションのマネジメント

　企業の営利志向と異なる NPO は、社会的使命すなわちミッションを重視して活動する度合いが強い。企業のビジネスゴールである利益という明確な物差しがないので、NPO はミッションを団体の事業方向や意思決定を導くマネジメントのツールとして用いる。Rycraft（1994）は、子供福祉に携わる 23 人のケースワーカーへのインタビューをもとに、ミッション、適切な善意（goodness of fit）、管理（supervision）、投資など 4 つを考慮し、その団体の活動に参加する。従って、ミッションは福祉 NPO にとって重要な働きである。

　多くの NPO 法人の前身は、住民参加型在宅福祉サービス団体であり、利用者から得た利用料と有償ボランティアであるヘルパーへの支払いとの差額を事務経費に充てるという形で本来事業の助けあい活動を行う。しかし、低廉な報酬で運営するので、赤字が出て苦しい状態になっていた。そういった NPO からすれば介護保

険事業で得た利益を本来の自主事業に使えることができる。つま
り、介護保険事業からの儲けで自主事業である助けあい活動を賄
っている。しかし、福祉NPOは、法人格をとったことや介護保険
事業の参入によって団体の理念が見えなくなり、本来事業である
助け合い活動が空洞化してしまう危惧がある。ここで、事業化す
るNPOはどのようにミッションや理念をキープするのか、または
どのようにそれを団体に所属するそれぞれのメンバーに伝えるの
かについて事例を通して説明する。

　「ゆうあんどあい」は、「困った時はお互い様」「いつでも・
どこでも・誰でもが地域（在宅）で安心して、老いても安心して
暮らせる地域での支え合いづくり」という社会に開かれた理念で
地域に根ざした福祉活動を広げ、在宅で安心して暮らせるネット
ワークづくりを目指して活動を開始した。赤字である助け合い活
動を続けるために介護保険事業者になり、介護事業で運営資金を
稼いで、助け合いサービス、デイサービス、ふれあい活動をサポ
ートする体制をとっている理由を団体所属するメンバーによく理
解させている。運営の仕方について、他の福祉NPO団体は、介護
保険事業も、助け合い活動もヘルパーは同じ比重で行っているの
で、結果的に助け合い活動は介護保険事業を補完する形になって
いる。しかし、「ゆうあんどあい」では、地域活動としての助け
合い活動に関わる協力会員と、介護保険事業で雇用しているヘル
パーを明確に区分しながら、NPOの理念の共有を土壌に利用者を
支えあう活動を行っている。「ゆうあんどあい」における助け合
い活動は、介護保険事業の補完という位置づけではなく、助け合
い活動は支えあう活動であり、団体のメイン活動である。

　住民参加型在宅福祉サービス団体から介護保険事業に携わる福祉 NPO になった「ゆうあんどあい」にとって、助けあい活動と介護保険事業のサービス提供者（協力会員とヘルパー）の属性や意識は異なる。現在、「ゆうあんどあい」における現場のサービス提供者は 3 つのグループがある。一つは、助けあい活動の協力会員であり、ボランティアとして活動に参加する人たちである。他の二つのグループは介護保険事業のヘルパーの中にいる。一つは、助けあいの協力会員から介護保険事業の方に移してサービス提供しているヘルパーである。もう一つは、NPO のことに詳しくない人であり、仕事感覚で NPO を仕事場として団体に入る人である。

　以前から助けあい活動に協力する協力会員、或いは協力会員からヘルパーになる人たちは、「ゆうあんどあい」の使命や理念・目的をよく理解して自分自身のものとして活動をしている。しかし、介護事業のヘルパーとして新入の人たちは、NPO に対する理解や団体の理念を詳しく分からない人がいないとは言えない。また、介護保険事業を実施している団体は、NPO 法人格をとったこと、介護保険事業に入ることによって、団体の本来の理念が見えなくなることもよくある。

　それ故に、2003 年度から、登録するヘルパーに対する研修の第 1 弾は、理事長による「NPO について、ヘルパーの心構え」の講談会が行われている。さらに、サービス提供責任者が中心となって、研修や仕事を通して介護保険事業中心主義にならないように、助けあい団体としてミッションを団体の全員が持ち続けることをヘルパーに伝えて共有している。

　赤字である助け合い活動を続けるために介護保険事業者になり、介護事業で運営資金を稼いで、助け合いサービス、デイサービス、ふれあい活動をサポートする理念は内部研修、ミーティング、集会などありとあらゆる機会を通して団体に所属するメンバーに伝えながら共有されている。以上の理念やミッションの維持や共有によって、サービスの担い手であるヘルパーや協力会員の定着性が高く、助け合い活動のサービス時間数も維持できる[2]。

　福祉 NPO にとって、ミッションの組み立ては、社会的ニーズに対する対応であり、NPO の存在価値ともいえるだろう。また、ミッションの維持や共有は、NPO マネジメントの要である。福祉 NPO は、団体のミッションや理念をどう共有していくか、趣旨を NPO 自身の本体をどこにおいているかについて、活動していくとき、常に自分に言い聞かせなければならない。「ゆうあんどあい」のような明確なミッションや理念に基づいて活動をしていくならば、社会的ニーズに応えないような事態を避けることができる。また、福祉 NPO では、コミュニケーションの場である講談会、研修、ミーティング、集会や仕事の合間などを通してミッションや理念を団体のメンバーに伝えられ、共有されることが特徴である。

---

[2] 介護保険制度が始まってから助け合いサービスの利用時間数は要介護度の認定のため半分になって、月に 1000 時間ぐらいだった。それ以降の利用時間数は、2001 年から現在まで、月 900 時間前後である。

2.事業多角化のマネジメント

　福祉 NPO の中で、法人化した団体は、介護保険サービス提供による事業収入を財源の中心にしていきたい意向が強い。また、その収益事業による収入の増大によって、新規事業への進出が可能になった。さわやか福祉財団の「2001 年度非営利活動バロメーター計画－NPO・住民互助型組織の定点調査」の調査結果によって、余剰金のある NPO 団体の余剰金運用方法の内訳は、「次年度への繰越金・貯金」が最も多く、次いで「新規事業の展開」である。

　企業が事業多角化を図る理由は、継続的投資で安定した収益が続くことが魅力的になってくるからである。しかし、福祉 NPO の場合は、収益力は二の次で、考慮に入れる優先順位が、社会のニーズに応じることである。図表 6- 1 に示したのは、NPO における新規事業に参入する際の分析手法である。社会的使命や市場の魅力が両方とも大きいならば、NPO は、その分野に最大の資源投入を行う。「ゆうあんどあい」のデイサービス事業は、このカテゴリーに帰属する。逆に、社会的使命と市場の魅力が両方とも小さい場合は、その分野に進出しない。社会的使命が高いけど、市場の魅力が小さい場合に、NPO は、その魅力のあるセグメントだけに力を入れる。収益のために、NPO は、市場の魅力が大きい市場に参入するが、理事会などによる厳密な監督も必要である。また、その市場で利益を得た次第、撤退するはずである。

図表 6-1　ポートフォリオ・アプローチ（Portfolio Approach）

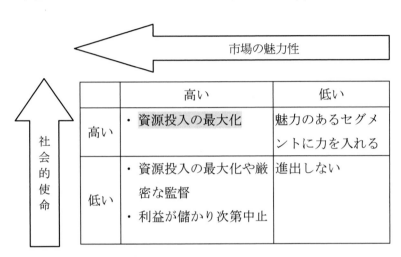

出所：Pappas, 1996, p.28 を参考に筆者が作成

　「ゆうあんどあい」は、1992 年任意団体として助けあい活動を実施して以来、赤字のままでサービスを提供している。2000 年 4 月に介護保険事業に参入した理由は、前述した通りで、利用者の要望と助けあい活動を継続するためである。2003 年 4 月に「ふれあいの日」活動やデイサービスの開始は、「安心して外に出られる場」のニーズに応えるためである。「ふれあいの日」活動は、助け合いサービスの位置づけと同一であり、デイサービスは介護保険事業の拡大だけではなく、地域のニーズに応じるためでもある。デイサービスを開始した理由は、次の通りである。

　(1)デイサービス実施する前に、地域のニーズに対する市場調査を行った。その結果から、福祉施設空白地域の宮城野区には、NPO の数が少なかった。そのうえ、原町にふれあいの日事業を実施し

ている事業者がいなかったので、「ゆうあんどあい」はその地域に拠点をつくった。

(2)団体の利用者は訪問介護サービス以外、他の事業者のサービスも利用している。これらの利用者から「デイサービスがあったらいい、「ゆうあんどあい」のデイサービスなら行きたい」という生の声が出てきた。利用者の要望に応えるために原町長屋を立ち上げて「ふれあいの日」活動（月曜日）とデイサービス（火曜日から土曜日まで）を開始した。

(3)生活の質の確保は助け合い活動 10 年間の間に蓄積した得意とするところである。いままでの経験や能力を活かして、新しいサービスの提供に自信がある。

(4)地域に拠点があると、地域を巻き込むこともできるし、いろいろな発信や協働もできる。「ふれあいの日」活動は介護保険枠外活動なので、自由度が高い。それゆえに、独自性のあるサービスはどんどん増えてくる。デイサービスの開設は、世代間交流の場としての提供を中心に、地域の誰でも参加・利用できる場、福祉ボランティア活動の場、介護研修の場などの役割を果たしている。

こうした理由をみると、福祉 NPO における事業多角化は、企業の場合に考慮に入れる成長の経済、範囲の経済[3]の側面を考慮せず、多角化分野の選別も事業の発展性・競争力・波及効果を視野に入

---

[3] 成長の経済とは、眠った資源の利用によって、コスト構造の変化が成長を引き起こすことである。範囲の経済とは、企業が福祉の事業活動を同時に営むことによるそれぞれの事業を独立に行っているよりも、コストが割安になることである。

れてない。逆に、福祉 NPO は新規事業の展開する前に「そのサービスの提供は地域や社会のニーズに応えるか」、「新しいサービスの提供に対する能力を有するか」、「自分達の強みを新しいサービスに発揮できるか」などを検討するはずである。これらは企業の経営戦略論において「中核能力（コア・コンピタンス）」の議論と同様だが、企業の場合は、競争力を考える上でスキルや能力を重視している。それに対して、福祉 NPO は、競争力と関係なく、自分達の理念や社会的使命を達成するために自分の能力や強みが重視されてくる。従って、福祉 NPO における事業多角化マネジメントの特徴は、①団体の使命や理念（社会、地域そして利用者のニーズに応えること）、②その理念や使命を達成するためのスキル・能力、技術、③利用者や地域の活性化に対する波及効果を重視することである。

3.組織化

　社会は組織によって構成されていると言われる[4]。組織は Barnard（1968）に提出された三要素である貢献意欲、共通目的、コミュニケーションによって成立する[5]。自発的な行為（好意）によって開始されたボランタリー組織が社会において不可欠であり得るのはシステムを構築することにあると田尾（1999）は述べた[6]。好意だけで、活動を続けることを保証できない。Collins（2000）は、

---

[4] Boulding, K.E. 1953, The Organizational Revolution, Harper & Row（岡本康雄訳『組織革命』、1972、日本経済新聞社）
[5] Barnard（1968）、p.82 を参照。山本安次郎、田杉競、飯野春樹訳（2001）。
[6] 田尾（1999）、p.ii

組織が永久の成功を求めるなら、組織内部において執行体制の構築がカギであると述べている。

　多くの福祉 NPO の前身は任意団体として活動をしてきた。これらの福祉 NPO の組織化の過程は、NPO として成長する前に、浜の真砂のようにバラバラに行動している NPP（nonprofit people）が NPG（nonprofit group）になり、辿り着いたら NPO（nonprofit organization）になると田尾（2004）は説明する[7]。組織規模の増大と縦割り構造は不可避の関係になる。福祉 NPO は、例外なく、組織が拡大すればするほど縦割り構造を採用している。桑田・田尾（2000）は、NPO における組織形態について以下のようないくつかの特徴を提示する[8]。

　(1)利害ブロックの集積：この組織は、利害を同じくするブロックを集積するような形態となっている。例えば、福祉 NPO は、介護保険事業におけるヘルパー、サービス提供責任者、助け合い活動における有償ボランティア、コーディネーターなどさまざまなブロックの集合体である。それぞれのブロックでは、利害関心が同じわけではないので、葛藤や衝突を内在させている恐れがある。マネジメントにおいて協働できるような体制の構築が不可欠である。

　(2)フラットなピラミッド構造：ヒエラルキーにおける階層数が少なく、ヨコに広がるフラットな組織である。

---

[7] 田尾（2004）によると、この区分は立命館大学政策科学部中村正教授によることが分かる。

[8] 桑田・田尾（2000）、pp.352-354

　(3)ヨコ・コミュニケーションの発達：フラットなピラミッド構造なので、事業間の連絡調整のために、タテよりもヨコのコミュニケーション・チャネルが発達している。

　(4)個人の裁量を大きくすること：フラットなビラミッド構造では権威が弱くならざるを得ない。それによって、個々人の判断や行動における自由の領域が相対的に広がる。例えば、サービスの現場での判断がサービスの送り手の裁量が優先される。

　(5)インフォーマル集団の発達遅滞：前述したように、福祉NPOは、規模が大きくなればなるほど縦割り構造を採用するが、フォーマル集団に対して、インフォーマルな集団の発達はそれほど著しくない。

　「ゆうあんどあい」も例外なく組織化の過程は NPP から NPG になって、やがて NPO になってきた。1992 年に生協の組合員たち 30 名が中心となって自発的にホームヘルプサービスを地域で必要な人々に提供したいと思い、任意団体として「グループゆ〜あんどあい」を設立した。スタートしたときに、事務局スタッフは 7 名だった。それ以来、有償ボランティアや会員制度の体制で活動をしている。

　1999 年に NPO 法人格を取得し、団体の名前は「特定非営利活動法人ゆうあんどあい」となった。2000 年には、訪問介護事業（在宅介護）及び居宅介護支援事業（ケアプランの作成）の指定事業所として介護保険事業に参入した。2003 年 4 月から通所介護事業（デイサービス）を開始した。2004 年 3 月現在の利用会員は 193 名、協力会員は 127 名になっており、コーディネーター4 人体制で助け合い活動の運営を進めている。介護保険事業の運営体制に

ついて、訪問介護事業の方はサービス提供責任者 4 名、登録ヘル
パー31 名であり、居宅介護支援事業の方は、3 名のケアマネージ
ャー（常勤）を有している。デイサービスの方は、施設長 1 名、
管理者 1 名、生活相談員 1 名、看護師 3 名、介護員 5 名、調理員
3 名、送迎員 5 名という体制で運営している。スタッフは介護保
険事業と本来事業である助け合い活動とに明確に分かれている。
福祉 NPO に関わる方々は「横並び」すなわち対等的な意識を常に
持っているので、こうした運営体制は、上下関係で設置されるの
ではなく、活動を円滑に進めるために設定されるものである。
　このような「介護保険事業」と「助け合い活動」のサービス提
供者をきっちり分けている福祉 NPO 団体は例が少ない。しかし、
こうした分業方法によって、団体、利用者とサービス提供者にと
って幾つかのメリットがある。まず、団体側にとって、①助け合
いサービスにおける本来の意義を維持する事ができる。②業務を
行う時に、団体自身は混乱がないので、活動を円滑に進める。利
用者にとって、介護保険サービスの利用料や助け合いサービスの
利用料が異なるので、サービス提供者を分けることによって、利
用者は戸惑わない。サービスの提供者にとって、メンバーの属性
や意識も完全に別で、それぞれの活動に対しては、「勤める」と
「入る」という表現がぴったりくる。言い換えると、介護保険事
業には仕事として「ゆうあんどあい」に「勤め」、ヘルパーは団
体との雇用関係をしっかり結び、一方、助け合いは協力会員とし
てボランティアに「入る」という感じである。メンバーは、それ
らの活動の中から自分の意欲に基いて予め選択でき、違いを理解
したうえで活動に加える。

　ここでは、サービスの担い手以外、事業間の協働や連携につい
て重要な役割を果たしているコーディネーターやサービス提供責
任者の業務内容を紹介する。まず、助け合い活動におけるコーデ
ィネーターは、地域で安心して・安全に・満足いくような暮らし
の支援を提案することを大きな目標として活動している。団体の
中だけで支援を行うのではなく、地域での暮らしが十分満足いく
ような提案ができるよう、地域に機能できる体制つくりをコーデ
ィネーターは目指している。業務内容は、協力会員や利用会員の
橋渡しとして日常の業務を連絡すること、講師として基礎研修を
講義すること、会報やパンフレットの作成、内部研修やコーディ
ネーター会議を主催することである。介護保険事業におけるサー
ビス提供責任者は、利用者が安定した日常生活を維持できるため
のサポートを提供する。また、事業所の休みの日でも利用者との
連絡をとれる体制をとり、追加訪問などに対応する。業務内容は、
ケアマネージャー、ヘルパーや利用者の間の中間者として日常業
務を行うこと、利用者への訪問調査、苦情相談の窓口、ヘルパー
研修の講師或いは主催者、ヘルパーマニュアルの作成、ケースカ
ンファレンス、事業者間連絡会議の参加などである。
　事業間の連携について、介護保険事業と助け合いの関係は補完
だけではなく、内部連動の関係もある。内部連動というのは、助
け合いの利用者は介護保険の利用者になって、その時選択肢の中
に、「ゆうあんどあい」も入ってくる。「ゆうあんどあい」では、
助け合いのコーディネーターと介護保険事業の提供責任者は、利
用者がサービスを移行する時、話し合いを必ずやっている。もし、
ケアプラン作成の担当も「ゆうあんどあい」であれば、ケアマネ

ージャーも関わる。コーディネーターはふれ合いの日活動にも参加する。また訪問サービスの利用者がケアプランによってデイサービスの利用が必要となれば、利用者に安心感を与えるために、提供責任者は利用者の付き添いとして一緒にデイサービスの方を見学する。コーディネーターやサービス提供責任者は、利用者のニーズや身体状況、サービス担い手の保有資格や経験、得意な部分など、両者の相性も十分に踏まえたうえで、適切な組み合わせを考える能力はもちろん、団体が提供していない分野や時間帯のサービスを利用者がうまく組み合わせて利用できるよう、他機関との連携も重要な役割を担っている。

　以上の組織体制をみると、福祉 NPO における組織のマネジメントについて、3 つの特徴がある。第一に、それぞれの事業の活動を円滑におこなうために、組織を事業ごとに明確に分けている。また、組織構造は対等な意識でヨコに広がるフラットな構造である。第二には、主役である担当者に関わる業務内容を明確にする事である。第三は、事業間の協働体制をうまく働くために、それぞれの活動の担当責任者は話し合い、ミーティング、活動による交流などの手法を通して内部連携を行う。

4.資金調達のマネジメント

　福祉 NPO の財源構造については、主に次の 4 つの要素で構成されている。①会費：NPO を支える最も基本になる資金源である。山岡（1999）は、できる限り、実質の収入の四分の一は会費で支

えたいと述べている[9]。そうしないと、事業を大きくしていくと、大きな問題を引き起こすことになるからである。②寄付金：会費と同様に使途を指定しないので、使用方法については自由度が高い。アンケート調査結果によると、福祉NPOに対する寄付者は個人の方が最も多く、企業や他団体からの寄付金は少ない。また、企業や団体の寄付金は一般的に特定の行事が主な対象となる。③行政、財団や公益信託の助成・補助金：不景気な時期に、これらの助成・補助金は大いに期待されている。しかし、使い道が指定されているので制約は大きい。また、行政や企業の財政難があり、なかなか期待されないので、継続性や固定性が低い。④自主事業や受託事業の事業収入：自主事業収入によって、福祉NPOにおける財政的な自主性・自立性を確保しているが、事業性を強めすぎると、ボランティア活動としての自発性や自主性を失う可能性がある。大川（2002）は、理想的な収入源は、自主事業1・会費と寄付金1・助成金と行政からの委託業務と補助金1であると述べている[10]。しかし、団体の事業内容または団体の発展ステージによってこの比率が変わるだろう。

　坂本（2004）は、資金と自由度の関係を図表6-2に示した。助成・補助金と委託事業の受託金の資金調達率が高いと、特定な目的や受益者のみにしか使えないので、使途の自由度は比較的に低いのである。寄付金や会費などは資金を自由に使えるが、募集が難しくなるので、資金調達率が低いのである。資金源のうち、事業収入は使途の自由度が高く、なおかつ資金調達率は寄付金や会

[9] 山岡（1999）、p.26
[10] 大川（2002）、p.169

費に比べると高くなる。経済的自立性からみると、事業収入は、NPO の継続にとって重要な資金源である。これは、NPO 団体が介護保険事業に参入する理由の一つといえるだろう。

図表 6-2　資金と使途の自由度

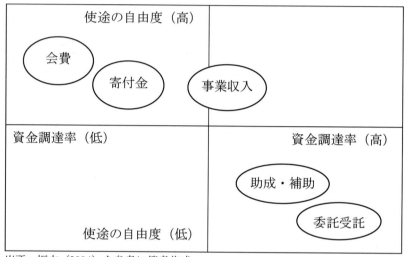

出所：坂本（2004）を参考に筆者作成

　福祉 NPO が、ミッションを実現するために、資金確保が必要である。しかし、単一の資金源に頼っていては活動の幅が狭まって、NPO の独自性である自主性、自発性、創造性（先駆性）を損なう可能性がある。従って、資金確保や資金源の多様化は福祉 NPO における資金調達マネジメントの課題である。

　リスクを分散するために、多様な財源を持つことが理想的な収入構造である。ある特定の資金源に依存し過ぎると収入構造のバランスを崩してしまう。一旦、依存しすぎる財源が減ってしまう

と活動を継続する事ができなくなってしまう。「ゆうあんどあい」
の現在は、介護保険事業収入が、収入全体の 9 割ぐらいに占める
ので、前述した危機感を抱いている。リスクを分散するために、
団体は 3 番目である会費収入を増やすことに力を入れている。既
存会員の維持について、3 ヶ月に 1 回「ゆうあんどあい通信」と
いう会報を発行して、団体の動き、研修プログラム、介護保険に
関する情報、団体の成果などについて会員に知らせる。新規会員
の募集について、2003 年の夏ごろ、ホームページを開設して、団
体の経営理念、活動内容、広報の内容などをネットで公開して、
会員（賛助、協力、利用）になれる各階層の人々に呼びかける。
これらの情報の提供や研修に参加できることを会費の見返りとし
て人々にアピールする。

5.評価のマネジメント

　内閣府の『NPO の活動の発展のための多様な評価システムの形
成に向けて－NPO の評価手法に関する調査報告書－』には、NPO
における評価を活用する目的と意義を以下のように列挙してい
る：(1)組織体制や活動・事業が NPO の設立目的や理念を達成す
る上で有効に機能する。(2)事業や組織の改善、更なる発展を促す
ことが出来る。(3)ある根拠をもって会員や支援者、社会一般への
アカウンタビリティを行うことができ、また、理解を促すことが
できる。(4)コミュニケーションツールとして活用する事ができる。
(5)意図していなかった成果の確認や気が付かなかった点の発見
等ができる[11]。

---

[11] 内閣府国民生活局編（2002）、pp.16-19

　評価分析枠組（図表 3-2）に示されたように、NPO における組
織化、事業多角化のマネジメント、信頼のマネジメント、資金調
達のマネジメントの全ては団体のミッションを達成するために
発生したものである。従って、NPO に関する評価のマネジメン
トはいうまでもなく団体のミッションと理念を中心として発展
していく。まず、ミッションに対する評価視点は、団体の使命が
社会的問題の解決になるのか、社会的ニーズに応じるのかという
問いから始まり、その使命はどのように団体の全員に共有するの
かという質問を経て、使命はどのように達成するのかという問題
に至る。

　組織化に対する評価の視点は、4 つを取上げる。一つ目は運営
プロセスの改善である。事業の拡大とともに組織が人員の増加に
よって複雑化してしまう。事業運営をうまくするために、「ゆう
あんどあい」の事例から見ると、企業のような SBU（small business
unit）を分化して独立管理する。また、活動の円滑化をはかるため
に、資源が充分か、どこにあるのか、どのように獲得するかを問
われることになる。ガバナンスや説明責任というのは、社会にど
のような意思決定をして、どのように活動しているのかを説明す
る必要があるので、総会、理事会、事務局など各機関の役割を確
認することである。

　事業多角化のマネジメントに対する評価は、まず、始める前の
ニーズ調査や実行可能性に関する事前評価がその第一歩である。
そして、資源の投下や配置について適切かどうかの評価を行う必
要がある。最後は、活動の成果と社会問題の解決や社会的ニーズ
を満たしたかを評価する。

　信頼のマネジメントの目的はサービス提供者や利用者の獲得と維持である。それに対する評価は、サービス提供者の役割は定義されているのか、どのようにサービス提供者や利用者を確保し維持するのか、人材育成の仕組はあるのか、サポートが機能しているのかなどに焦点を与える。

　資金調達では、収入源が多様化・分散化されているのか、調達方法は適切か、会計情報を公開しているのか、監査は機能しているのかに注目する。評価のマネジメントのまとめについて、図表6-3 を参照。

図表 6-3　福祉 NPO における評価のマネジメント

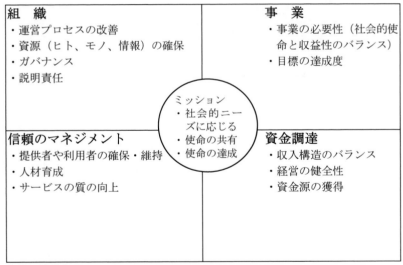

出所：筆者作成

第2節　ネットワークの構築

　NPO を立ち上げる際の最大の障壁は、経営資源の確保である。NPO にとって、人、モノ、資金、情報が不足しているのが現状である。そのためにも、社会資源を有効に活用していくことが重要であり、不足している部分を補うためにも地域の他機関とのネットワークが必要になってくる。しかし、ネットワークの構築について NPO と地域の他団体・他機関との温度差があるため、ネットワークの構築は容易とはいい難い。2001 年度東北大学藤井研究室の「福祉 NPO 活動実態アンケート調査」によれば、福祉 NPO と地域との連携について偏っている傾向があることがわかる。福祉 NPO は、「社会福祉協議会」、「民生委員」、「他の NPO 団体や市民活動団体」との連携は比較的に活発にしているものの、「医療機関」、「地域の小売店」、「福祉関係の企業」、「他の企業」との連携が消極的な傾向が現われている。NPO 法人「NPO 人材開発機構」が行ったアンケート調査（2001 年）によると、NPO 法人・ボランティア団体との連携の必要性について、医療機関の 56.6% が必要性を感じていないという結果は、ネットワークの構築について NPO と地域の他団体・他機関との温度差があることのよい例である。福祉 NPO 団体の代表者へのインタビューは、行政や地域の NPO に対する理解が不十分という課題も出てきた。

　「ゆうあんどあい」は、上に示された理由で外部の利害関係者と連携して、「みやぎ在宅福祉ネットワーク」、「住民参加型在宅福祉サービス全国連絡会」、「介護サービス非営利団体ネット

ワークみやぎ」、「せんだい・みやぎ NPO センター」などの機関
と連携して活動する。それ以外に、最も大きな理由であるのは、
地域福祉の達成である。

　ヒアリング調査によって、介護保険制度、助けあい活動で、利
用者の多様なニーズに対応できないところがあると判明した。理
事長である渡辺祥子氏は、以下のように述べた。「高齢者達は 365
日暮らしていくわけなので、その中に、介護保険だけでクリアす
るわけでもないし、助けあいだけでもクリアできないので、デイ
サービス、他の地域の人たちとともにコミュニティケアという方
向性で前に進むしかない。今、一つの団体で抱え込む時代ではな
い、ネットワークを組んでいて機能する必要がある。」[12]

　以上の話は一見して、ネットワークを自組織の足らざるを補う
ために活用するものだと思う人が多いのであるが、実はこれは「お
互いの長所を重ねあうもの」と捉える積極的な考え方なのである。
ネットワークは、組織と組織が組み合わさって新しい価値を創造
していくものである。

　その課題に対する対策について、「ゆうあんどあい」は、ネッ
トワークを構築するために地域にアピールする際、次の 2 点を強
調している。①利用者のニーズに応え、地域に密着する助け合い
活動やふれあい活動の実績をアピールすること。これは地域の活
動でアピールする際、地域の NPO に対する理解が足りなく、介護
保険事業を実施することに対する拒否反応の恐れがあるので、収
益事業として、介護保険における訪問介護サービスやデイサービ

---

[12] 2003 年 9 月 16 日に、理事長である渡辺祥子氏へのヒアリング調査記録よ
　　り抜粋。

スの紹介を抑える。②地域に根を張って高齢者などのきめ細かい情報を持ち、ボランティア活動を展開する NPO との連携は、情報共有化の観点からも他の機関にとってメリットを生むことである。

終　章

　介護保険制度は、要介護者の「利用者本位」と「自立支援」という理念に基づいて、普遍性・権利性・公平性・選択性を確保するシステムの構築を目指している。しかし、利用の申請主義、要介護認定、保険料や利用料の支払いなどに排除される人がいないとはいえず、平等性が確保されているとはいい難い。また、サービス提供者の機会主義、利用者の制度に関する知識の欠如、情報の非対称性などによって、利用者やサービス提供者は対等な立場で契約を結ぶことが難しくなる。利用者にとって、権利、公平性、そして好ましい選択の実現は至難のわざになるようである。

　平等性の達成について、制度の周知、低所得層の援助施策、要介護認定の再検討などの課題を大きく左右するのは行政である。規制緩和による多様なサービス提供主体が介護サービスに参入することによって、利用者に対する権利、公平性、選択性がある程度守られると思われる。それは、効率性や利益を重要視しないNPOの参入があるからである。

　介護保険制度は、介護を社会全体で支えるために設立された制度である。しかし、国や地方自治体の財政難という状況を鑑みると、介護の全てを公的制度に頼ることは実現しにくい。一方で、心身ともに弱い状況におかれる高齢者に対しては、上記に示され

た問題から、擬似市場である介護市場における利用者本位のサービスを、完全に民間企業に任せることも適当ではない。NPO はこうした民間企業では採算が合わず、行政の制度からは抜け落ちてしまったサービスの担い手として、大きな役割を果たしている。これは単なる民間企業や行政の「補完」、あるいは「狭間を埋めること」という消極的な機能だけではなく、最も積極的な機能として、地域密着の強み、ささえあいの理念、生活者として高齢者たちへの尊重、コミュニケーションの活性化などを通して地域福祉の実現が挙げられよう。NPO はその積極的な機能を生かして、社会変革、社会参加の拡大といった影響を与えていくだろう。福祉 NPO はサービスの提供に対する柔軟性、先駆性、独自性、地域性などさまざまな特徴を持ちながら、逆選択効果を避けること、ノーマライゼーションの実現、個別ニーズの対応、社会的資本の創造、コミュニティの活性化などに関する重要な役割を果たしている。福祉 NPO の市場参入については、大きな期待が寄せられているといえる。

　しかしながら、2001 年度東北大学経済学部非営利組織論演習の福祉 NPO アンケート調査報告書によると、回答された 62 団体の中で理事会を持っている団体は 24 団体で、全体の四割弱を占めていた。事務局を設置しているのが 33 団体で、全体の 55％になっている。総会は約 7 割の団体が持っている[1]。以上の結果から、福祉 NPO はきちんと組織化されているとは決していえないことがわかる。それにしても、理事会、総会、事務局の権限と責任の明

---

[1] 東北大学経済学部非営利組織論演習報告書（2002）、pp.90-92

確化やこれに基づく分業がなされていない。こうしたマネジメントの不在や資源（ヒト、モノ、カネ、情報）に乏しいNPOは、介護市場における競争の結果によって規模縮小、或いは市場から駆逐されてしまう危機に直面する。それに加えて、本研究で取上げたアンケート調査の結果によれば、福祉NPOは、人事・労務管理、資金調達・財政基盤、組織体制・機能、地域・行政などの関わり、利用者・会員への対応、活動・事業の方向性におけるさまざまな課題がある[2]。使命や理念の共有による組織文化の形成、限られた資源の活用、よりよいサービスの提供などを組織のシステムにうまく取り込むために、北川（1999）もNPOマネジメントへ10の質問を提起している[3]。

　上に述べた課題は福祉NPOにとって全部当てはまるものではないと筆者が考えている。しかし、福祉NPOの役割や地域福祉理念を達成するために、直面した課題を踏まえて解決策を出すことは目下の急務である。本研究は、仙台市に拠点をもつNPO法人「ゆうあんどあい」の代表者やヘルパーのヒアリング調査結果を事例として福祉NPOの役割を明らかにしながら福祉NPOにおけるマネジメントの特徴を考察してきた。

---

[2]　福祉NPOにおける課題の詳細は、本研究の第2章を参照。
[3]　NPOマネジメントへの10の質問は、①テーマ・社会的役割・目標は明確か、共有されているか、②チームとして機能しているか、③より高い成果を目指しているか、④顧客を知っているか、⑤顧客に応えているか（顧客が求める品質・価値を提供できているか）、⑥事実でコミュニケートし、判断しているか、⑦「ビジョン」を策定し、共有しているか、⑧ゆとりを生む努力はなされているか、⑨自らを客観的に評価し、日強いウな修正・改善に結び付けているか、⑩次世代の採用・育成と権限委譲を積極的に行っているかである。

　「ゆうあんどあい」を選んだ理由は、（１）他の NPO が介護保険事業の参入によって、本来事業である助け合いサービスが空洞化することをよく耳にするが、「ゆうあんどあい」は本来事業である助け合いサービスの赤字を補完し活動を継続するために介護保険事業に参入した。介護保険事業に参入してから、助け合いサービスの提供時間が一定の水準を保っているからである。（２）「ゆうあんどあい」は、介護保険事業のサービス提供者であるヘルパーと助け合いサービスの担い手である協力会員をきっちりわけている。福祉 NPO 団体は例がすくない。「ゆうあんどあい」は、その分業の実施によって、団体自身は混乱がなく、サービスの効率性が高まってくる。それだけではなく、サービス提供者側も自分の意識に沿って、「勤めること」としてヘルパーになる、あるいは「ボランティア」として協力会員になるという選択ができる。利用者側はその分け方で、納得できる支払いをしてサービスの利用によって団体に対する信頼性が向上する。（３）経済基盤は比較的に脆弱な NPO 法人「ゆうあんどあい」は、企業に比べると時給の支払い面に優位性もないし、介護保険報酬の見直しで減給してしまったこともあったが、サービス提供者や利用者の定着性が一定の程度確保や維持しているからであう。

　本研究で明らかにした福祉 NPO の課題やそれらの課題に基づいて確立した福祉 NPO マネジメントの分析枠組によって福祉 NPO におけるマネジメントの特徴を解明することは、本研究の成果である。高齢者介護における信頼の構築は、マネジメントの前提になっているものの、未だに事例を踏まえて研究されていないので、本研究で信頼の分類に基づいて福祉 NPO における信頼構築

のプロセスを明らかにしたことは，これからの同領域の研究に参
考になり、本研究の貢献といえるだろう。

　また、本研究は、社会的使命を優先して、本来自主事業である
「助けあい活動」と介護保険事業を両立する NPO 法人「ゆうあん
どあい」を事例にして、介護保険における福祉 NPO の役割、また
はこの役割を果たすためのマネジメント手法を明らかにしていく
ことを目的とした。福祉 NPO のマネジメントについて、筆者が提
出した福祉 NPO におけるマネジメントの分析枠組を用いて、福祉
NPO におけるマネジメントの特徴を示した。分析枠組は内部管理
である信頼のマネジメント、ミッションのマネジメント、事業多
角化のマネジメント、組織化、資金調達のマネジメント、評価の
マネジメントや外部管理であるネットワーク構築で構成される。

　福祉 NPO におけるマネジメントの特徴については、以下のよう
に要約されている。

第1節　福祉 NPO におけるマネジメントの特徴 　　　　－その1：信頼のマネジメント

　福祉 NPO の活動の存続に関わる重要な要素は、継続性のサービ
スの提供者や利用者の獲得や維持である。そのためには、福祉NPO、
サービス提供者や利用者の間の信頼が存在しなければならない。
この信頼構築プロセスを明らかにするため、本研究は福祉 NPO や
サービス提供者のヒアリング調査、現場の参与観察や団体の研修
をとおして、福祉 NPO の信頼マネジメント手法を提起し、これら

の信頼マネジメント手法によるサービス提供際に関わる利用者や提供者の相互作用にもたらす信頼の形成要素や信頼の生み出しを分析する。

　まず、福祉 NPO における信頼のマネジメント手法は、「提供者に関する信頼マネジメント」、「利用者に関する信頼マネジメント」や「双方（利用者や提供者）に関する信頼マネジメント」である。その三つの手法は独立説明変数ではなく、相互的作用があり互いに影響を与える。

　提供者に関する信頼マネジメントは、次の手法を通してサービス提供者の信頼を得る。これらの手法は、同感を与えること、ルールを守って最大限の自由を与えること、エンパワーメント、研修、利用者情報供給体制づくりである。

　簡単に説明すると、同感を与えることは、福祉 NPO は、活動に参加する女性たちに、団体のミッションや理念ではなく、「家庭第一」、「仕事のために家庭を犠牲してはいけない」という配慮的な同感を伝えて、メンバーからの信頼を得る。ルールを守って最大限の自由を与えることは、それぞれのメンバーの時間を拘束しないため、福祉 NPO は、個々のメンバーの時間帯をすり合わせ、メンバーの自由を最大限にすることである。エンパワーメントについて、NPO はサービス提供者に判断、決断の権限を与えることを通して、提供者の得意性を引き出すことができ、サービス提供者は、自己信頼ができる同時に、団体に対する信頼感も高まってくる。

　これらの手法によって、サービス提供者は家庭や仕事を両立し、自己成長、そして社会貢献ができてサービスの提供を続ける。研

修の内容は、基礎研修である対人サービスの心構え、専門性の向上や技能アップのための内部や外部研修である。それによって、サービスを提供する際に、利用者との相互作用中に利用者に安心感を与え、利用者に対する対等性や尊重（プライバシーの尊重、日常の生活習慣を守る（尊重する）ことや自立の意志の尊重）、対話できる話し方や前向きな話し方、穏やかな話し方、利用者の話に耳を傾けること、清潔な身だしなみ、明るく礼儀正しい態度や言葉遣いによるコミュニケーションなどの要素が形成され、利用者との信頼が生み出される。

　利用者に関する信頼マネジメントは、日常のコミュニケーションや訪問調査による利用者ニーズの引き出し、苦情の即解決、サービス提供者の固定化などである。これらのことによって、利用者の要望やニーズに応えることができ、利用者に安心感や安定感を与える。

　双方（利用者やサービス提供者）に関する信頼マネジメント手法について、境界担当者の設置である。この設置によって、利用者と提供者の相互作用に関する不利な要素である葛藤や対決を避け、或いは解決して正の相互作用を促すことができる。サービス提供者の二分化（助け合いサービスの協力会員や介護保険事業のヘルパーをわけること）で、福祉 NPO 元来の社会的使命や理念を維持する事もできるし、利用者が混乱しないことも目的の一つである。こうしたマネジメント手法は、福祉 NPO 対サービス提供者や福祉 NPO 対利用者の信頼構築に寄与する。

第2節　福祉 NPO におけるマネジメントの特徴　　　　 －その2

1.ミッションのマネジメント

　福祉 NPO におけるミッションの伝達や共有は、企業における企業文化と同様に、メンバーの考え方や行動の仕方を指し、理念を実践するために必須のものである。「ゆうあんどあい」のミッションや理念は、「困った時はお互い様」、「いつでも・どこでも・誰でもが地域（在宅）で安心して、老いても安心して暮らせる地域での支え合いづくり」である。まず、ミッションのマネジメントについて、福祉 NPO が活動を行っていく際には、団体のミッションや理念をどう共有していくか、趣旨を（NPO 自身の本体が）どこにおいているかということを、常に自分に言い聞かせなければならない。「支え合い」、「地域の人々に開かれること」、「在宅・地域内で安心の暮らし」などの理念は「ゆうあんどあい」の活動趣旨である。こうした明白なミッションや理念に基づいて活動をしていくならば、社会的ニーズに応えないような脱線した活動を回避することができる。また、コミュニケーションの場である座談会、研修、ミーティング、集会や仕事の合間などを通してミッションや理念を仕事感覚で福祉 NPO を仕事場として介護保険サービスを提供するヘルパーやボランティアとして助け合いサービスを提供する協力会員に伝えることが福祉 NPO における理念の共有の特徴である。

2.事業多角化のマネジメント

　事業多角化のマネジメントについて、福祉 NPO の場合は、成長
の経済、範囲の経済的側面を考えることなく、多角化分野の選別
も事業の発展性・競争力・波及効果を度外視している。また福祉
NPO は新規事業の展開する前に「そのサービスの提供は地域や社
会のニーズに応えるか」、「新しいサービスの提供に対する能力
を有するか」、「自分達の強みを新しいサービスに発揮できるか」
といった問いかけを行う必要がある。後者は企業の経営戦略論に
おいて「中核能力（コア・コンピタンス）」の議論と同様だが、企
業の場合は、競争力を考える上でスキルや能力を重視している。そ
れに対して、福祉 NPO は競争力と関係なく、自分達の理念や社会
的使命を達成するための自分の能力や強みを重視している。

　事例研究によれば、福祉 NPO における事業多角化の理由は、①
市場調査の結果による福祉施設空白地域の埋め合わせ、②利用者
のニーズや要望に応えること、③強みの活用、④世代間交流の場
作り、発信や協働の拠点である。従って、福祉 NPO における事業
多角化マネジメントの特徴は、①団体の使命や理念（社会、地域
そして利用者のニーズに応えること）、②その理念や使命を達成
するためのスキル・能力、技術、③利用者や地域の活性化に対す
る波及効果を重視することである。

3.組織化

　福祉 NPO における組織化の重要な課題は、①どのような組
織構造を設計するか、②設計された組織構造におけるそれぞれ

の部署の役割分担、③事業間の協働体制がどのように働くかである。

　まず、組織構造の設計について、福祉 NPO に関わる方々は常に対等な意識を持って活動をしているので、組織構造の設計は、縦割りではなく、なるべく階層を減らすようにしていく。「ゆうあんどあい」の例を見ると、総会、理事会などの意思決定や政策設定の機関以外、事務局長や現場のサービス提供者の間に橋渡しとして介護保険事業におけるサービス提供責任者や助け合い活動におけるコーディネーターだけを設立している。スタッフとラインにおける情報の伝達や意思疎通にとっては行いやすい組織構造である。また、ミッションの希薄化、業務執行する際の混乱、利用者に困惑することを避けるためには、介護保険事業のヘルパーや助け合いサービスの有償ボランティアを分けてサービスを提供している。これは、団体にとっては良い仕組みだという。

　役割分担や事業間の連携について、「ゆうあんどあい」は一定のサービスの質を維持するために「ヘルパーマニュアル」、「サービス提供の注意点・心構え」などの書類を作成し、ヘルパーや有償ボランティアに配布する。また、サービス提供者の現場の判断を重視しながら信頼することは、サービス提供者に自主性・柔軟性を与える。さらに、内部においてサービス提供責任者やコーディネーターは、利用者に対する地域で安心して、安全に、満足いくような暮らしの支援や安定した日常生活を維持するために、日常のコミュニケーション、訪問調査、ミーティングなどの集会を通して、利用者のニーズや身体状況、サービス提供者の資格・

経験、得意な部分など、両者の相性も十分に踏まえたうえで、適切な組み合わせをしている。

　福祉 NPO における組織化について 3 つの特徴がある。第一に、それぞれの事業の活動を円滑におこなうために、組織構造の設計は事業ごとで明確に分けられている。また、対等な意識で組織構造はヨコに広がるフラットな構造である。第二に、主役である担当者に関わる業務内容を明確にする事である。第三に、事業間の協働体制をうまく働かせるために、それぞれの活動の担当責任者の話し合い、ミーティング、活動による交流などの手法をとおして内部連携を行う。

4.資金調達のマネジメント

　資金調達のマネジメントについて、資金確保や資金源の多様化は福祉 NPO における資金調達マネジメントの重要な課題である。福祉 NPO は資金源を確保するために介護保険事業に参入している。「ゆうあんどあい」も例外なく、助け合い活動を継続するために介護保険事業のサービス提供者になった。しかし、介護保険事業収入に依存しすぎると収入構造のバランスを崩してしまう。リスクを分散するために、「ゆうあんどあい」は会費収入を増やすことに力を入れている。既存会員の維持について、3 ヶ月に 1 回「ゆうあんどあい通信」という会報を発行して、団体の動き、研修プログラム、介護保険に関する情報、団体の成果などについて会員に告知している。また新規会員の募集のために、2003 年の夏頃に、ホームページを開設し、団体の経営理念、活動内容、広

報の内容などをネットで公開して、会員（賛助、協力、利用）に
なれる各階層の人々に呼びかけている。これらの情報の提供や研
修に参加できることを会費の見返りとして人々にアピールする。

5.評価のマネジメント

　評価のマネジメントについてだが、福祉 NPO はまだこれを実施
に移していない。そこで本研究で、これまで述べてきた課題に基
づき、以下の評価を提案してみた。

　NPO に関する評価のマネジメントはいうまでもなく団体のミッ
ションと理念を中心として発展していく。まず、ミッションに対
する評価視点は、団体の使命が社会的問題の解決になるのか、社
会的ニーズに応じるのかという問いから始まり、その使命はどの
ように団体の全員に共有するのかという質問を経て、使命はどの
ように達成するのかという問題に至る。

　組織化に対する評価の視点については、以下の 4 つを取上げる。
一つ目は運営プロセスの改善である。事業の拡大とともに組織が
人員の増加によって複雑化してしまう。事業運営を成功裡に進め
ていくためには、企業のような SBU（small business unit）を分化
して独立管理することが望ましいというのが、「ゆうあんどあい」
の事例から得た知見であった。また、活動の円滑化をさせるため
に、資源が充足しているか、それがどこに眠っているのか、そし
てどのように獲得するかを問うことが必要となる。ガバナンスや
説明責任に関して NPO は自らがどのような意思決定をし、どのよ
うに活動しているのかを社会に向けて説明する必要があるので、

総会、理事会、事務局など各機関の役割を確認する作業が不可欠となる。

事業多角化のマネジメントに対する評価は、まず始める前のニーズ調査や実行可能性に関する事前評価がその第一歩となる。そして、資源の投下や配置について適切かどうかの評価を行う必要がある。最後に、活動の成果と社会問題の解決について、活動が社会的ニーズを満たすことにつながったかを評価することが必要となる。

信頼のマネジメントについては、サービス提供者の役割は定義されているのか、どのようにサービス提供者や利用者を獲得や維持するのか、人材育成の仕組はあるのか、サポート機能しているのかなどに焦点が当てられる。

資金調達については、収入源の多様化・分散化されているのか、調達方法は適切か、会計情報を公開しているのか、監査は機能しているのかに注目する必要がある。

6.ネットワークの構築

NPO を立ち上げる際の最大の障壁は、経営資源の確保である。NPO にとって、人、モノ、資金、情報が不足しているのが現状である。そのためにも、社会資源を有効に活用していくことが重要であり、不足している部分を補うためにも地域の他機関とのネットワークが必要になってくる。しかし、ネットワークの構築について NPO と地域の他団体・他機関との温度差があるため、ネットワークの構築は容易とはいい難い。

　「ゆうあんどあい」は、ネットワークを構築するために地域にアピールする際、次の 2 点を強調している。①地域の活動でアピールする際、地域の NPO に対する理解が足りなく、介護保険事業を実施することに対する拒否反応の恐れがあるので、収益事業として、介護保険における訪問介護サービスやデイサービスの紹介を抑えて、利用者のニーズに応え、地域に密着する助け合い活動やふれあい活動の実績をアピールすること、②地域に根を張って高齢者などのきめ細かい情報を持ち、ボランティア活動を展開する NPO との連携は、情報共有化の観点からも他の機関にとってメリットを生むことである。

第 3 節　本研究の限界と課題

　事例調査法や参与観察法による研究結果は、典型性・代表性の保証ができないという欠点があり、普遍的な法則になりがたいところもある。これは、本研究の限界といえよう。だが幸い、3 つのアンケート調査結果に関する考察で、この不足を補うことができた。また、本研究に取上げられた NPO 団体は、福祉 NPO の中でも、独自性や柔軟性を持ち、行政や地域住民からその存在を認められている。そして、モデル事業として仙台市社会福祉協議会や介護サービス非営利団体ネットワークみやぎでの第三者評価を受けた。さらに、団体は、介護保険事業者になることによる事業化と本来事業を続けるミッションの達成のバランスがよくとれている。従って、この団体の経験や経営手法は、

他の NPO 団体に活動の継続について、よいヒントを提示していると思われる。

　本研究の課題は二つある。一つは、分析枠組みに提示された評価マネジメントについて、現在活動している福祉 NPO ではあまり実施されていないので、考察することができないことである。第二に、地域福祉を実現するためのネットワーク構築について、福祉 NPO は、地域にある諸団体、とりわけ医療機関との連携が足りないので、これらの地域団体や機関とのネットワーク構築のあり方は判明していないことが挙げられよう。

第4節　今後の研究方向

　上に示した二つの課題は、今後の研究の中心となる。また、福祉 NPO は、既に述べたように、外部環境からの強い影響に左右される。とりわけ行政であるリスクの把握が重要視されるはずである。5 年をメドに制度の見直しを今年 4 月に行った。要支援や要介護 1 を認定された利用者は介護予防サービスへの移行や介護予防の重視による地域包括支援センターの設置など福祉 NPO にかなりの影響をあたえたようである。福祉 NPO は、こうした制度の見直しにどのように対応していくかは、これからの研究の重要な課題である。

介護保険における福祉 NPO のマネジメントに関する考察

参考文献一覧

【外国語文献】

Abbott, L.（1955）, *Quality and competition*, New York: Columbia University Press.

Angelica, E.（2001）, *The Wilder Nonprofit Field Guide to Crafting Effective Mission and Vision Statements*, Minneapolis Amherst H. Wilder Foundation.

Barnard, C.I.（1968）, *The Function of The Executive*, Harvard University Press（山本安次郎、田杉競、飯野春樹訳、『新訳　経営者の役割』（2001）、ダイヤモンド社）

Biestek F.P.（1957）, *The Casework Relationship*, Loyala University Press（尾崎新、福田俊子、原田和幸訳『ケースワークの原則（新訳版）－援助関係を形成する技法－』（1996）、誠信書房、p.115）

Boulding, K.E. 1953, The Organizational Revolution, Harper & Row（岡本康雄訳『組織革命』、1972、日本経済新聞社）

Carman, J.M.（1990）, "Consumer Perceptions of Service Quality: An Assessment of the SERVQUAL Dimensions", *Journal of Retailing*, 66-1, 33-55.

Chen, Y.T.（2004）, "The Role of NPO's Welfare Service Under Public Nursing System in Japan", *Proceeding of International Conference on Service Systems and Service Management*, International Academic Publisher World Publishing Corporation, pp.863-866.

Cohen, D. Prusak, L.（2001）, *In Good Company. How social capital makes organizations work*, Harvard Business School Press.

Donabedian A.（1988）, "The quality of care: How can it be assessed?", *JAMA*,260（12）:1743-1748.

Drucker, P.F.（1974）, *Management: Task, Responsibilities, Practice*, New York: Harper & Row Publishers Inc.,（野田一夫、村上恒夫監訳『マネジメント－課題・責任・実践－』、1974、ダイヤモンド社)

Drucker, P. F.（1990）, *Managing the Nonprofit Organization*, Harper Collins Publishers,（上田惇夫、田代正美訳、『非営利組織の経営－原理と実践－』、1993、ダイヤモンド社)

Easthop G.（1974）, *A History of Social Research Methods*, Longman Group Ltd（邦訳、川合隆男、霜野寿亮監訳『社会調査方法史』、1982、慶應通信)

Feigenbaum, A. V.（1951）, *Quality control: Principles, practice, and administration*, New York: McGraw-Hill.

Giddens, A.（1990）, The Consequences of Modernity, Polity Press,（松尾精文、小幡正敏訳『近代とはいかなる時代か－モダニティの帰結』、1993、而立書房)

Gilmore, H. L.（1974）, "Product conformance cost", *Quality progress*, 7(5): pp.16-19.

Hansmann, H. B.（1980）, "The Role of Nonprofit Enterprise", *Yale Law Journal*.

Hansmann, H. B.（1996）, *The Ownership of Enterprise*, Harvard University.

Hirschman, A.O.（1970）, *Exit, voice and loyalty: responses to decline in firms, organization, and stores*, Harvard University Press,（三浦隆之訳『組織社会の論理構造：退出・告発・ロイヤルティ』、ミネルヴァ書房、1975)

Hosmer, L.T.（1995），"Trust: The Connecting Link Between Organization Theory and Philosophical Ethics", *Academy of management Review*, Vol. 20, No. 2, pp.379-403.

Juran, J. M.（1974），*Quality Control Handbook* （3rd ed.） New York: McGraw-Hill.

Kolter, P.（1982），*Marketing for Nonprofit Organizations*, 2nd ed., Prentice Hall（邦訳井関利明監訳『非営利組織のマーケティング戦略』第一法規、1992）

Koontz, H.（1964） ed., *Toward a unified Theory of Management*, McGraw-Hill Book Company（ 鈴木英寿訳『経営の統一理論』、1968、ダイヤモンド社）

Lane, C. (2002)，"Introduction: Theories and Issues in the Study of Trust"in C. Lane and R. Bachmann （ed.） , *Trust Within and Between Organization: Conceptual Issues and Empirical Applicastion*, Oxford University Press.

Levitt, T.（1972），"Production-line approach to service", *Harvard Business Review*, 50(5): 41-52.

Mayeroff, M. （1971） , *On Caring*, Haprer & Row, Publishers, Inc., （田村真、向野宣之訳『ケアの本質－生きることの意味－』、1987、ゆるみ出版）

Megginson, L.C., Mosley, C.co., Pietri P.H. Jr. （1983） , *Management: Concepts and Applications*, New York: Harper 6 Row, Publishers, Inc.

Milofsky, C. （1979），"Defining Nonprofit Organizations and Community: A Review of Sociological Literature", *PONPO Working Paper-6*, New Haven: Yale University.

Osborne, S. P.（1997） , Managing in the voluntary sector, International Thomson Publishing Inc.

Pappas （1996） , *Reengineering Your Nonprofit Organization, Guide to*

Strategic Transformation, New York: John Wiley & Sons, Inc.

Parasuraman, A., Zeithaml, V.A., Berry, L.L.（1985）, "A Conceptual Model of Service Quality and Its Implications for Future Research", *Journal of Marketing*, Vol. 49, pp.41-50.

Putnam, R.（2000）, *Bowling Along: The collapse and revival of American Community*, New York: Simon and Schuster.

Reeves, C. A., Bednar, D. A.（1994）, " Defining Quality: Alternatives and Implications", *Academy of management Review,* Vol. 19, No.3.

Roach, M.S.（1992）, The Human Act of Caring, Canadian hospital Association Press（鈴木智之・操華子・森岡崇（1996）訳、『アクト・オブ・ケアリング―ケアする存在としての人間―』ゆるみ出版）

Ross, P. J.（1989）, *Taguchi techniques for quality engineering*, New York: McGraw-Hill.

Safrit, R. D., Smith, W. and Cutler, L,（eds.）（1992）, *Building Leadership and Skills Together*, Columbus, Ohio: The Ohio State University Extension.

Salamon, L.M., Anheier, H.K.（1994）, *The Emerging Sector*, Johns Hopkins University Press,（今田忠監訳『台頭する非営利セクター』ダイヤモンド社、1996）

Salamon, L.M.（1987）, "Of Market Failure, Voluntary Failure, and Third-Party Government: Toward a Theory of Government-Nonprofit Relations the Modern Welfare State, " *Journal of Voluntary Action Research*, 16:29-49.

Shaughnessy, P.W., Crisler, K.S., Hittle, D.F., Schlenker, R.S.（2002）, *Summary of the report on OASIS and Outcome-Based Quality Improvement in Home Health Care: Research and Demonstration Findings, Policy Implications, and considerations for Future Change*, Center for Health Services Research, UCHSC, Denver, CO.

Shaw, R.B.（1997），*Trust in the Balance: Building Successful Organization on results, Integrity, and Concern*, Jossey-Bass A Wiley Imprint（上田惇生（1998）訳、『信頼の経営』、ダイヤモンド社）

Smith, A.（1789），*An Inquiry into the Nature of Wealth of Nation*, the fifth edition, London,（邦訳『国富論』、大河内一夫監訳、1988、中央公論社）

Stevens, S.K.（2002），*Nonprofit Lifecycles: Stage-based Wisdom for Nonprofit Capacity*, Stagewise Enterprises Inc.

Tease, R. K.（1993），"Expectations, Performance Evaluation, and Consumers' Perceptions of Quality", *Journal of Marketing*, 57（October），pp.18-34.

The World Bank Internet www page, at
URL://www.worldbank.org/poverty/scapital/whatsc.htm

Travelbee J.（1971），Interpersonal Aspects of Nursing, F.A. Davis Company（長谷川　浩、藤枝知子訳（1999）、『人間対人間の看護』、株式会社医学書院）

Weimer, D.L., Vining, A.R.（1989），*Policy Analysis: Concepts and Practice*, Englewood cliffs, N.J.: Prentice-Hall.

Weiner, M.E.（1990），*Human services management: analysis and applications*, Belmont, Calif.:Wadsworth Pub. Co.

Weisbrod, B.（1988），*The Nonprofit Economy, Cambridge*: Harvard University Press.

Wolf, T.（1990），*Managing a Nonprofit Organization*, N.Y.: Prentice-Hall Press.

Young, D.（1997），『米国大学における非営利組織（NPO）教育－非営利組織のマネジメント研究から－』、笹川平和財団

Zucker, L.G.（1986），"Production of Trust: Instituional Sources of Economic Structure, 1840-1920", in B.M. Staw and L.L. Cummings eds., Research in Organizational Behavior, Vol. 8, JAI Press. Inc, pp.53-111.

【日本語文献】

市川一宏（2001）、「社会福祉協議会は、介護保険から何を学ぶか」、『月刊福祉』、April、p.32 一番ヶ瀬康子（2003）、『介護福祉学の研究』、有斐閣

伊藤周平（2000）、『検証　介護保険』、青木書店

稲沢公一（2002）、「援助者は『友人』たりうるのか」、古川孝順、岩崎晋也、稲沢公一ほか編『援助するということ』、有斐閣

井上英晴（2002）、「介護保険と社会福祉協議会」、豊田謙二、高橋信行編著『地域福祉と介護保険』、ナカニシヤ出版

伊原和人、和田康紀（1998）、「米国における介護サービスの質の確保①－④－第三者評価機関による評価アプローチを中心に－」、『週刊社会保障』、No. 2003、2005、2007、2010 岩見太市（1997）、『高齢期を生きる福祉コミュニティ－あまたのまちで安心して老いるために－』、中央法規出版（株）

大川新人（2002）、『成功する NPO・失敗する NPO－NPO 持続発展のマネジメント学習－』、（株）日本地域社会研究所

大滝精一、金井一頼、山田英夫、岩田智（1997）、『経営戦略　創造性と社会性の追求』、有斐閣アルマ

岡田喜篤（2003）、「援助者の視座を巡る課題」、『月刊総合ケア』、Vol. 13 No.1、医歯薬出版

岡原正幸（1995）、「コンフリクトへの自由；介助関係の模索」、安積純子、尾中文哉、岡原正幸ほか編『生の技法・家と施設を出て暮らす障害者の社会学』、藤原書店

小川喜道（1998）、『障害者のエンパワーメント－イギリスの障害者福祉』、明石書店

小田謙三、杉本敏夫、久田則夫編著（1999）、『エンパワーメント　実践の理論と技法－これからの福祉サービスの具体的指針』、中央法規

介護保険研究会監修（2001）、『わかりやすい介護保険制度 Q&A』、（株）中央法規出版

金川幸司（2002）、「介護保険下における NPO の役割と課題」、『生活経済学研究』、第 17 巻、生活経済学会、pp.135-143

狩俣正雄（2004）、『支援組織のマネジメント』、株式会社税務経理協会

河口弘雄（2001）、『NPO の実践経営学』、（株）同友館

川喜多一郎（1967）、『発想法』、中央公論社

北野誠一（1995）、「ヒューマンサービス、エンパワーメントそして社会福祉援助の目的」、『ソーシャルワーク研究』、21(2)、pp.36-47

京極高宣監修（1993）、『現代福祉学レキシコン』、雄山閣

久保美紀（1995）、「ソーシャルワークにおける Empowerment 概念の検討－Power との関連を中心に」、『ソーシャルワーク研究』、21(2)、pp.21-27

桑田耕太郎、田尾雅夫（1998）、『組織論』、有斐閣

光成英正（1999）、「要援助高齢者ニーズの特性に関する考察－在宅介護サービスでの「自己決定」尊重に向けて－」、『経営学研究論集』、西南学院大学大学院、第 33 号、pp.1-37

厚生省（1996）、厚生白書、日本（財）厚生問題研究会、pp.484-488

厚生省監修（1998）、『平成 10 年版　厚生白書』、ぎょうせい

国際交流基金　日米センター（2000）、『NPO の日米比較を通して、日本における NPO の役割を考える－行政と NPO のパートナーシップに焦点をあてて－』、国際交流基金

小島廣光（1998）、『非営利組織の経営-日本のボランティア』、北海道大学図書刊行会

小松源助（1995）、「ソーシャルワーク実践におけるエンパワーメント・アプローチの動向と課題」、『ソーシャルワーク研究』、21(2)、pp.4-10

駒村康平（1999）、「介護保険・社会福祉基礎構造改革と準市場原理」、『季刊社会保障研究』、Vol. 35 No.3、

小山秀夫（1999）、「介護保険マネジメントの課題」、」、『介護保険システムのマネジメント』、医学書院、pp.190-193

坂本文武（2004）、『NPO の経営－資金調達から運営まで』、日本経済新聞社

佐藤豊道（1998）、「5 章　介護福祉サービス利用者の理解」、古川孝順、佐藤豊道、奥田いさよ編著『介護福祉』、有斐閣

佐藤慶幸（2003）、『NPO と市民社会』、株式会社有斐閣

里見賢治、二木立、伊東敬文（1997）、『公的介護保険に異議あり[もう一つの提案]』、ミネルヴァ書房

佐橋克彦（2002）、「わが国の介護サービスにおける準市場の形成とその特異性」、『社会福祉学』、第 42 巻第 2 号、pp.139-149

須加美明（1998）、「2 章介護福祉の歴史的展開」、古川孝順、佐藤豊道、奥田いさよ編『介護福祉』、有斐閣、pp.45-61

鈴木依子（1996）、『社会福祉のあゆみ－日本篇－』、一橋出版株式会社

島田恒（1999）、『非営利組織のマネジメント』、東洋経済新報社

シルバーサービス振興会（2004）、『利用者による介護サービス（事業者）の適切な選択に資する情報開示の標準化について中間報告書』、社団法人シルバーサービス振興会

社会保険研究書（2001）、『介護保険制度の解説　平成 13 年 1 月版』、社会保険研究所

社団法人全国消費者生活相談員協会介護保険調査研究グループ（2004）、『消費生活相談員による介護保険苦情事例調査報告書－望まれる介護サービスへの提言－』

スティーヴン・P・オズボーン編集、ニノミヤ・アキイエ・H 監訳（1999）、『NPO マネジメント－ボランタリー組織のマネージメント－』、中央法規出版株式会社

全国社会福祉協議会（1996）『高齢者在宅福祉サービス事業評価基準』、全国社会福祉協議会

全国社会福祉協議会（2003）、『平成 15 年度評価調査者養成研修会「第三
　　者評価基準」の考え方』、全国社会福祉協議会

田尾雅夫（1999）、『ボランタリー組織の経営管理』、（株）有斐閣

田尾雅夫（2001）、『ヒューマン・サービスの経営－超高齢社会を行き抜
　　くために－』、（株）白桃書房

田尾雅夫（2004）、『実践 NPO マネジメント－経営管理のための理念と技
　　法－』、ミネルヴァ書房

高山忠雄（1998）編、『保健福祉におけるトップマネジメント－保健福祉
　　サービスの経営管理を考える－』、中央法規出版株式会社

竹内孝仁（1998）、『介護基礎学』、医歯薬出版株式会社

田中尚輝（1995）、『高齢化時代のボランティア』、岩波書店

東北大学経済学部非営利組織論演習（2002）、『平成 13 年度　東北大学経
　　済学部非営利組織論演習福祉 NPO アンケート調査報告書　ふくし
　　NPO のいま』

鳥海直美（2003）、「ホームヘルプサービス施策におけるコーディネータ
　　ーの役割の変遷」、『介護福祉学』、第 10 巻第 1 号、

内閣府国民生活局編（2002）、『NPO の活動の発展のための多様な評価シ
　　ステムの形成に向けて－ＮＰＯの評価手法に関する調査報告書－』、
　　内閣府国民生活局

原野悟（2002）、『健康サービス研究入門－保健・医療の調査と評価－』、
　　（株）新興医学出版社

平塚良子（1998）、「7 章　介護福祉における援助方法」、古川孝順、佐藤
　　豊道、奥田いさよ編著『介護福祉』、有斐閣

藤井敦史（2000）、「NPO マネジメント論の流れとその課題」、中村陽一
　　＋日本 NPO センター編、『日本の NPO/2000』、（株）日本評論社

藤井敦史（2002）、「福祉 NPO 固有の社会的機能とそれを可能にするため
　　のマネジメント」、奥林康司、稲葉元吉、貫隆夫編、『NPO と経営学』、
　　（株）中央経済社

牧里毎治（1998）、「第六章：在宅福祉サービスの内容」、『老人福祉論』、
　　ミネルヴァ書房

松家幸子（1981）、「老人ホームにおける介護」、三浦文夫、小笠原祐次編
　　『現代老人ホーム論』、全国社会福祉協議会

松本修一（1996）、『共感のマネジメント－市民活動団体スタッフ、グル
　　ープリーダーのための入門書－』、社会福祉法人　大阪ボランティア
　　協会

増田雅暢（2000）、「市場主義化の中での福祉サービスの質の保障と社会
　　福祉法人のあり方」、『月刊福祉』、October、p.15

増田雅暢（2004）、『介護保険見直しへの提言－5 年目の課題と展望－』、
　　株式会社法研

三好春樹（2001）、「関係論なき制度の末路」、三好春樹編『月刊　ブリコ
　　ラージュ』、10 号（通巻 101 号）、ブリコラージュ

村田久行（1998）、『ケアの思想と対人援助』、川島書店

森岡正博（1997）、『「ささえあい」の人間学』、法蔵館

八代尚弘（2000）、「公的介護保険と社会福祉事業改革の課題」、『季刊社
　　会保障研究』、国立社会保障・人口問題研究所、Vol.36, No.2 pp.176-186

梁川敬子（2004）、「民間事業者は高利益「施設系」を目指す」、『エコノ
　　ミスト』、2004．9．14．pp.75-78

山岡義典（1997）、『NPO 基礎講座　市民社会の創造のために』、ぎょう
　　せい

山岡義典編集（1999）、『NPO 基礎講座３～現場から見たマネジメント』、
　　（株）ぎょうせい

山崎敏、斉藤弥生、岡崎仁史（2001）、「介護保険がもたらしたもの－取
　　材連載「介護保険、始動」の 1 年を振り返って－」、『月刊福祉』、4
　　月号、pp.42-51

横山純一（2001）、「介護保険法の全面改訂を－地方分権を目指した税方
　　式へ」、神野直彦・金子　勝編著、『「福祉政府」への提言』、岩波書

店、pp.48-95

李姸炎 (1999)、「ボランティア・グループにおけるコーディネート機能」、
　　『社会学研究』、東北社会学研究会、第 66 号、pp.93-116

和田充夫（1998）、『関係性マーケティングの構図』、有斐閣

介護保険における福祉 NPO のマネジメントに関する考察

謝　辞

　桜の咲き乱れる春、祭りの目白押しの夏、枯れ葉の舞いの秋、そして静かな冬枯れと、四季の移り変りのうちに、私は日本にいた 6 年間があっという間に過ぎました。振り返れば山あり谷ありの 6 年間ですが、その全ての営みに感謝の思いが湧いてきます。

　研究に関しては、指導教官である藤井敦史助教授が、私を非営利組織論の大殿堂に導き、専門的知識や研究に関する有益な示唆を与えて下さいました。先生のお陰で、福祉の現場に入ることができ、フィールドワーク調査の醍醐味が段々と分かってきました。非営利組織の経営管理について、学校という場は、さまざまな知識や理論を学ぶところであり、実際に運営している団体という場は、格好の実地訓練の場でもあります。幸い、私は両方とも体験する事ができる立場におりました。また、日頃のお世話だけではなく、学問や研究のご指導と同時に、国際会議や学会で発表した論文や発表の内容にアドバイスをして頂く大滝精一教授にも、深く感謝の意を表すとともに、心よりお礼申し上げます。本書は、先生達のご指導及びご鞭撻の賜物です。

　さらに、研究活動をご支援ご協力して下さった NPO 法人ゆうあんどあいの代表者である渡辺祥子さんをはじめ、助け合い活動、介護事業やデイサービスのスタッフや利用者の皆様、そして、い

つも文書を添削していただく K.E 先生、千尋さん、STMC の高橋さんや同じゼミの畠山さんに深く御礼申し上げます。

　「勉強の目的は、良いモノ、良いヒトと出会うためだ」と、ある先生がおっしゃいました。その出会う機会を与えていただいた家族、先生達、お世話になった、そして出会った方々に改めて感謝いたします。とりわけ、経済面や精神面を支持して下さった両親に、この紙面の一隅をお借りして、感恩の意を表しています。

　ここまで歩んできたみちを振り返ってみると、研究の道はなかなか困難な道のように見えました。しかし、東北大学に留学した大先輩である魯迅はこんなコトバを残しています。

　"間違ったら反省する。失敗したら再度挑戦する。どんな荒野にも、歩いているうちに自然と道ができるものだ"

　お世話になっている方々への恩返しとして、私は、これからもこのような精神をもって、研究に打ち込み、成果をあげるために頑張りたいと思います。

實踐大學數位出版合作系列
社會科學類　AF0066

介護保険における福祉NPOのマネジメントに関する考察

作　　者	陳玉蒼
統籌策劃	葉立誠
文字編輯	王雯珊
視覺設計	賴怡勳
執行編輯	賴敬暉
圖文排版	郭雅雯
數位轉譯	徐真玉　沈裕閔
銷售發行	林怡君
發 行 人	宋政坤
出版印製	秀威資訊科技股份有限公司
	台北市內湖區瑞光路583巷25號1樓
	電話：(02) 2657-9211
	傳真：(02) 2657-9106
	E-mail：service@showwe.com.tw
經 銷 商	紅螞蟻圖書有限公司
	台北市內湖區舊宗路二段121巷28、32號4樓
	電話：(02) 2795-3656
	傳真：(02) 2795-4100
	http://www.e-redant.com

2007 年 8 月
BOD 一版
定價：310元

讀　者　回　函　卡

感謝您購買本書，為提升服務品質，煩請填寫以下問卷，收到您的寶貴意見後，我們會仔細收藏記錄並回贈紀念品，謝謝！

1. 您購買的書名：＿＿＿＿＿＿＿＿＿＿＿＿＿＿＿＿

2. 您從何得知本書的消息？

　　☐網路書店　☐部落格　☐資料庫搜尋　☐書訊　☐電子報　☐書店

　　☐平面媒體　☐ 朋友推薦　☐網站推薦 ☐其他＿＿＿＿＿＿

3. 您對本書的評價：(請填代號　1.非常滿意 2.滿意 3.尚可 4.再改進)

　　封面設計＿＿　版面編排＿＿　內容＿＿　文/譯筆＿＿　價格＿＿

4. 讀完書後您覺得：

　　☐很有收獲　☐有收獲　☐收獲不多　☐沒收獲

5. 您會推薦本書給朋友嗎？

　　☐會　☐不會，為什麼？＿＿＿＿＿＿＿＿＿＿＿＿＿＿＿＿＿

6. 其他寶貴的意見：＿＿＿＿＿＿＿＿＿＿＿＿＿＿＿＿＿＿＿＿

＿＿＿＿＿＿＿＿＿＿＿＿＿＿＿＿＿＿＿＿＿＿＿＿＿＿＿＿＿＿

＿＿＿＿＿＿＿＿＿＿＿＿＿＿＿＿＿＿＿＿＿＿＿＿＿＿＿＿＿＿

＿＿＿＿＿＿＿＿＿＿＿＿＿＿＿＿＿＿＿＿＿＿＿＿＿＿＿＿＿＿

讀者基本資料

姓名：＿＿＿＿＿＿＿＿＿　年齡：＿＿＿＿　性別：☐女 ☐男

聯絡電話：＿＿＿＿＿＿＿＿　E-mail：＿＿＿＿＿＿＿＿＿＿

地址：＿＿＿＿＿＿＿＿＿＿＿＿＿＿＿＿＿＿＿＿＿＿＿＿

學歷：☐高中(含)以下　　☐高中　☐專科學校　☐大學

　　　☐研究所(含)以上 ☐其他＿＿＿＿＿＿＿

職業：☐製造業 ☐金融業 ☐資訊業 ☐軍警 ☐傳播業 ☐自由業

　　　☐服務業 ☐公務員 ☐教職　☐學生 ☐其他＿＿＿＿＿

秀威與 BOD　　　　　　　　　　　　　　　　、

BOD（Books On Demand）是數位出版的大趨勢，秀威資訊率先運用 POD 數位印刷設備來生產書籍，並提供作者全程數位出版服務，致使書籍產銷零庫存，知識傳承不絕版，目前已開闢以下書系：

一、BOD 學術著作—專業論述的閱讀延伸
二、BOD 個人著作—分享生命的心路歷程
三、BOD 旅遊著作—個人深度旅遊文學創作
四、BOD 大陸學者—大陸專業學者學術出版
五、POD 獨家經銷—數位產製的代發行書籍

BOD 秀威網路書店：www.showwe.com.tw
政府出版品網路書店：www.govbooks.com.tw

　　永不絕版的故事·自己寫·永不休止的音符·自己唱